홀로 빛나는 리더는 없다

홀로 빛나는
리더는 없다

초판 1쇄 발행　　2023년 7월 20일
초판 2쇄 발행　　2023년 8월 10일

지은이　　박정조
펴낸이　　김종해

펴낸곳　　문학세계사
출판등록　　제21-108호(1979. 5. 16)
주소　　서울시 마포구 신수로 59-1
전화　　02-702-1800
팩스　　02-702-0084
이메일　　munse_books@naver.com
홈페이지　　www.msp21.co.kr
페이스북　　www.facebook.com/munsebooks
인스타그램　　www.instagram.com/munse_books

ISBN　　979-11-93001-17-2　(03320)

성장하는 리더에게 필요한 5가지 실전 리더십 매뉴얼

홀로 빛나는
리더는 없다

박정조 지음

문학세계사

Prologue
아빠는 공감 능력이 없어요

어느 날 가족과 저녁 식사를 하고 있는데 셋째 애가 말했습니다.

"아빠는 공감 능력이 없어요!"

내심 충격을 받았는데 내색을 하지 않고 물었습니다.

"왜 공감 능력이 없다고 생각해?"

"아빠가 하는 말은 다 맞는 말인데 위인전에 나오는 선생님 말 같아서 듣기가 싫어요."

두 딸에게 다시 물었습니다.

"너희도 그렇게 생각해?"

"맞아요! 예전에도 몇 번 이야기했잖아요. 아빠는 말이 잘 안 통해요. 저희 대화를 따라오지 못해요."

듣고 있던 아내가 옆에서 거들었습니다.

"아빠는 자기가 관심 있는 내용은 집중해서 잘 들어. 관심 없는 거는 아예 듣지를 않아."

가족과의 그날 대화는 공감 능력의 결핍을 느끼고 제 리더십을 되돌아보는 계기가 되었습니다.

저는 육군리더십센터에서 5년간 근무하고, 30년 동안 리더 역할을 하면서 나름대로 리더십을 갖췄다고 생각했습니다. 그런 제가 공감 능력이 없어서 가족이 힘들다고 할 정도면 저를 리더로 만나 함께 근무한 동료들은 얼마나 힘들었을까? 하는 생각이 들었습니다.

저로 인해 고통받고 힘들어했을 전우들을 생각하니 마음이 아팠습니다. 리더십을 아는 것과 실천하는 것은 다르다는 것을 뼈저리게 느꼈습니다.

리더십 이론을 아는 것과 현장에서 적용하는 것의 차이. 이 차이를 좁히기 위해 지금도 저는 동료 교관들과 함께 고민하면서 연간 3만여 명의 육군 리더를 교육하고 있습니다.

교육 시간이 짧아 충분히 다루지 못한 내용을 언젠가 책으로 펴내야 겠다고 생각하고 있었습니다. 그때마다 '내가 책을 쓴다고 도움이 될까? 좋은 말은 아리스토텔레스, 소크라테스가 다 해 버렸는데……. 그들이 조금 남겨놓은 것은 플라톤, 니체가 다 써먹었고, 이미 리더십 전문가들이 수많은 책을 썼는데 굳이 나까지 또 책을 써야 하나?' 이런 생각으로 망설였습니다.

이때 제 마음을 다시 일으켜 세운 사람들이 있었습니다. 누구일까요? 그들은 바로 리더십 교육에 참여한 육군의 리더들이었습니다. 그들의 눈빛은 리더 역할을 잘하고 싶은 기대감과 호기심으로 초롱초롱 빛났습니다. 그 눈빛이 이 책을 쓰도록 저를 자극했습니다.

저는 리더십을 전문적으로 연구하고, 현장에서 30년 동안 리더 역할을 하면서 각종 고충과 어려움을 겪었습니다. 이런 연구와 경험을 바탕으로 일반 리더십 서적과는 차별화되고, 피부에 와닿게 도움을 줄 수 있는 책을 쓸 수 있다는 자신감이 생겼습니다.

그래서 지난 30년 동안 리더로서 겪은 시행착오, 리더로 첫발을 내디딜 때부터 미리 알아두면 유익한 내용, 리더들이 지금도 현장에서 매일 부딪히고 힘들어하는 내용을 선별했습니다. 그 내용은, 자기 인식, 성공과 경험의 함정, 편견과 선입견, 감정 표현, 분노 조절, 공감 원리와 결핍, 조직 침묵, 집단 사고, 지식의 저주, 듣기 실력, 공감하는 대화, 성격 이해, 피드백, 질문의 힘, 좋은 팔로워, 동기 부여, 다양성 이해, 회복 탄력성, 긍정 심리, 관점 전환, 삶의 목적과 가치 등입니다.

이 내용을 독자들이 쉽게 이해하고 적용하도록 아래의 3단계 과정을 거쳤습니다.

· 1단계: 5개의 매뉴얼로 분류(인식, 감정, 공감, 소통, 팀워크)
· 2단계: 5개의 매뉴얼에 부합되는 리더십 원칙과 기법을 접목
· 3단계: 인간 심리, 인문학적 요소, 실험 결과, 흥미로운 사례 발굴

저는 이 책을 쓰는 내내 한 가지 질문에 몰두했습니다. 나는 왜 이 책을 쓰는가? 제가 이 책을 쓴 목적은 지난 30년 동안 제가 수없이 부딪히고 상처받고 난 후에 알게 된 내용을 리더들에게 미리 알려주어, 그들이 시행착오를 덜 겪게 하기 위해서입니다. 저처럼 고민하고 힘들어하는 리더들을 눈앞에 떠올리며 그들과 같이 호흡하면서 썼습니다.

제가 리더 역할을 해 보니 쉴새 없이 밀려오는 업무와 빡빡한 부대 운영으로 몸도 바쁘고 마음도 분주했습니다. 그래서 이 책에는 하나 마나한 이야기, 관념적이고 이론적인 내용은 과감하게 제외했습니다. 대신에 리더들이 쉽고 빠르게 핵심 내용을 파악하고, 현장에서 바로 활용할 수

있는 내용만 포함했습니다. 특히 현장에서 5개 매뉴얼(인식, 감정, 공감, 소통, 팀워크)을 적용하는 데 현실적인 어려움이 무엇이고 그것을 어떻게 극복할 수 있는가를 세세하게 표현했습니다. 관심 있는 분야는 더 찾아보고 궁금증을 해소하도록 출처를 세부적으로 명시했습니다.

저는 제가 알고 있는 내용과 경험한 모든 것을 쏟아부을 각오로 이 책을 썼습니다. 특히 육군리더십센터에서 두 번이나 근무하고 30년 이상 국가의 혜택을 받은 제가 '나의 조국 대한민국과 우리 군에 마지막으로 보답할 수 있는 일이다' 생각하고 혼신을 다해 썼습니다.

이 책에서 서술한 5개 실전 매뉴얼을 이해하고 적용하면 지금보다 더 성장하는 리더가 될 것이라 확신합니다.

이 책은 주로 군 조직의 리더들을 염두에 두고 썼지만, 공공기관이나 일반 기업의 리더들, 앞으로 리더가 될 청년들에게도 도움이 될 것입니다. 왜냐하면 자기를 제대로 인식하고 사람의 마음을 움직이는 리더십의 원리는 언제나 같기 때문입니다.

미국의 정치가이자 철학가인 프레드릭 더글러스Frederick Douglass는 "사람이 어떤 일에 노력을 들이면, 그 일 역시 그에게 노력을 들이면서 그 사람을 규정한다"라고 했습니다. 이 책을 쓰면서 저도 과거보다 더 나은 리더로 성장하는 것을 느꼈습니다.

콩나물시루에 물을 부으면 물이 다 빠져나가는 것처럼 보이지만 콩나물은 크고 있습니다. 이처럼 관심을 가지고 투자하는 만큼 리더십은 계속 성장할 것입니다.

차 례

홀로 빛나는
리더는 없다

매뉴얼 3 〈공감〉 리더의 삶을 빛나게 하는 공감 능력

매뉴얼 4 〈소통〉 술에 취한 듯이 듣고 말하라

매뉴얼 5 〈팀워크〉 다양성이 능력을 이긴다

매뉴얼 1
인식

나는 어떤 리더인가?

01
리더의 사각지대

"리더가 성공하기 위해 가장 중요한 것은 무엇일까요?"

조직도를 거꾸로 보는 이상한 대학 총장

이광형 카이스트 총장이 교학 부총장을 할 때입니다. 제가 사무실을 방문한 적이 있는데 책상 앞에 조직도가 거꾸로 놓여 있었습니다. 모든 구성원이 그보다 위에 있었습니다. 부총장 아래 있는 사람은 총장뿐이었습니다. 거꾸로 된 조직도가 생소해서 "왜 조직도를 거꾸로 두고 보는 건가요?"라고 물었습니다. 그의 대답이 놀라웠습니다.

"직원들 한 명 한 명을 존중하며 섬길 사람으로 생각하기 위해서입니다."

이광형 총장은 제가 만난 사람 중에서 손에 꼽을 정도로 존중과 배려가 몸에 배어 있는 분이었습니다. 그런 분이 직원을 더 이해하기 위해 조직도까지 거꾸로 보면서 지금까지 노력하고 있다는 사실이 대단했습니다. 자신도 모르게 생기는 고정 관념을 경계하고 뇌를 유연하게 하려고 TV도 16년째 거꾸로 보고 있다고 합니다. 참 대단하지 않나요?

왜 리더만 모를까?

"당신이 이끌고 있는데 아무도 따라오지 않는다면 그것은 산책에 불과하다"라고 존 맥스웰John Maxwell은 말했습니다.

 왜 리더만 부하의 생각이 자신과 다르다는 것을 모를까요? '자기 인식 부족'과 '자만심' 때문입니다. 리더는 자기를 객관적으로 보지 못할 가능성이 큽니다. 즉 3자의 관점에서 본인을 바라보기 힘든 것이죠. 예를 하나 들어 보겠습니다. B 중령은 업무 추진 능력을 인정받아 1차로 중령 진급을 했습니다. 상급자들도 B 중령을 인정했고, 본인도 업무 수행을 잘한다고 생각했습니다. 그러던 어느 날 상급 부대에서 실시한 부대 설문 결과를 받아 본 B 중령은 깜짝 놀랍니다. 부대원의 사기는 바닥이었습니다. 대다수 부대원이 대대장하고는 공감과 소통이 전혀 되지 않는다고 했습니다. B 중령은 망치로 머리를 맞은 듯 심한 충격을 받았습니다. '나는 부대원들을 위해서 이렇게 열심히 했는데……, 내가 무엇을 잘못하고 있던 거지?'

 사실 B 중령은 일을 잘한다고 인정만 받으려고 급급했지, 부하들과 차분하게 공감하고 대화할 마음의 여유가 없었습니다. 그는 입버릇처럼 "급하니까 결론부터 말해라, 무슨 말인지 잘 모르겠다. 다시 정리해라"라는 말을 자주 했습니다. 위축감을 느낀 부대원들은 당연히 말수가 점점 줄었고, 시키지 않은 일은 스스로 하지 않았습니다. 이런 사실을 B 중령 본인만 모르고 있던 거죠.

 B 중령의 사례가 주는 교훈은 무엇일까요? '자기 인식Self Awareness'의 중요성입니다. 자기 인식은 자기를 객관적으로 바라볼 수 있는 능력입니다. 총 75명으로 구성된 스탠퍼드 경영대학 자문위원들은 리더가 성공하기 위해 가장 중요한 것은 '자기 인식'을 제대로 하는 것이라고 했습니다.

조하리의 창Johari's Window과 자기 인식

조셉 러프트Joseph Luft와 해리 잉햄Harry Ingham이라는 두 심리학자가 개발한 '조하리의 창'은 객관적으로 자신을 인식하는 데 효과적인 분석 틀입니다. 4개의 창을 통해 자신이 타인과 어떤 관계에 있는지, 어떤 면을 개선하면 좋을지 알 수 있습니다.

① 열린 창: 자신도 알고 타인도 아는 영역
② 숨겨진 창: 자신은 알고, 타인은 모르는 영역
③ 보이지 않는 창: 자신은 모르고 타인은 아는 영역
④ 미지의 창: 자신도 모르고 타인도 모르는 영역

'조하리의 창'에 있는 4가지 영역의 넓이는 계속 변화합니다. 예컨대, 자신이 마음을 열고 다가서면 '숨겨진 창'이 열리지요. 또 서로 신뢰하면서 대화를 하면 미지의 창이 서서히 열립니다. 리더가 가장 관심을 가지고 열어야 할 창은 '**보이지 않는 창**'입니다. 즉, 다른 사람들은 다 아는데, 자신만 모르는 영역입니다. 왜 구성원은 다 아는데 리더만 모르는 일들이 많을까요?

리더에게 보고될 때는 정보의 필터링Filtering이 일어나기 때문입니다. 보고가 되는 중간 과정에서 많은 것이 걸러지는 거죠. 사실이 왜곡되고 축소되는 경우도 많습니다. 오죽했으면 '20세기 최고의 CEO'라고 칭송받는 잭 웰치Jack Welch는 "나는 회사에서 무슨 일이 일어나는지 가장 늦게 아는 사람이었다. 그런데 그 사실을 제대로 깨닫지 못한 것이 나의 가장 큰 실수였다"라고 했을까요?

리더가 자신이 무엇을 모르는지 모를 때 엉뚱한 자신감을 느낄 수 있습니다. 실제로는 모르면서 알고 있다는 착각에 빠져 있으면 어떤 문제가 발생했을 때 제대로 된 조치를 할 수 없을 거예요. 운전자는 사고 예방을 위해 항상 사각지대 발생 가능성을 염두에 두고 운전을 합니다. 이처럼 리더도 자신만 모르는 리더십 사각지대가 있다는 것을 인정해야 사고가 확장됩니다. 리더십 실패 위험성도 지금보다 줄어들게 됩니다. 리더가 되는 첫걸음은 다른 어떤 것보다 먼저 자신을 제대로 아는 것입니다.

결핍이 성장을 좌우한다

독일의 식물학자 리비히Justus Freiherr von Liebig는 농작물 생육을 결정하는 것은 과잉 영양분이 아니라 부족 영양분이라는 사실을 발견했습니다. 그는 양분·수분·온도·광선 같은 필수 요소 가운데 공급이 가장 적은 요소, 즉 '제한 요인Limiting Factor'이 작물의 생육을 결정한다는 것을 알아낸 거죠. 나무판자를 덧대 만든 물통이 있다고 합시다. 그 물통에 담기는 물의 높이를 결정하는 것은 가장 높이가 낮은 나무판자입니다.

리비히의 물통

다시 말해 '넘치는 요소보다 결핍이 성장을 좌우한다'는 것이죠. 이 법칙을 자신에게 적용해서 '나에게 넘치는 것은 무엇이고, 부족한 것은 무엇인가?' 생각해 보세요.

소설가 플래너리 오코너Flannery O'Connor는 명확한 자기 인식의 첫 번째 산물은 '겸손함'이라고 했습니다. 겸손한 마음으로 곰곰이 생각해 보면 자신에게 가장 결핍된 것이 무엇인지 떠오를 것입니다.

'겸손함'의 반대는 '자만심'입니다. 자만심을 가진 리더는 결코 배우려고 하지 않고 고치려고도 하지 않습니다. 칭찬과 격려는 좋아하지만 충고와 조언은 어떻게든 합리화하면서 거부 반응을 보입니다. 자만심은 리더를 파멸시키는 무서운 독이 될 수 있습니다. 고대 그리스의 시인 테오그니스Theognis는 "신이 가장 먼저 없애 버리고 싶은 사람에게 주는 것이 자만심이다"라고 말했습니다. 대륙을 평정하고 원나라를 세운 칭기즈칸Chingiz Khan도 "자만심을 이기지 못하면 지도자가 될 수 없다. 자만심을 제어하는 것은 야생의 사자를 제어하는 것보다 힘들다"라고 말했습니다.

리더가 저지르는 가장 큰 실수

자만심에 찬 리더가 저지르는 가장 큰 실수는 '내가 생각하는 대로 부하도 똑같이 생각한다'는 착각입니다. 제가 '내가 알고 있는 나'와 '부서원이 생각하는 나'와의 큰 차이를 인식한 계기가 있었습니다. 리더십 실무교육 때 아래 표를 보고 '내가 생각하는 나'에 해당하는 단어를 먼저 체크하고, 부서원들도 '부서원들이 생각하는 나'에 해당하는 단어를 체크해서 비교해 보았습니다.

(제가 표시한 단어: ● 부서원들이 표시한 단어: ○)

능력 있는 ●○	관대한	융통성 있는 ○	대담한	용감한
차가운	고집 있는 ○	명확한	영리한	생각이 너무 많은
자신감 있는	믿을 수 있는	위엄 있는	원기 왕성한	외향적인 ●
우호적인 ●	지루한	기쁜	도움이 되는	이상주의적인
독립심이 강한	독창적인	지적인	내향적인	친절한
자만하는	논리적인	무심한	성숙한	겸손한
소심한	신중한	조직적인	끈기 있는 ●	강력한
당당한	조용한	사려 깊은 ●	느긋한	경건한
잘 반응하는	고지식한 ○	스스로 엄격한	지각 있는	눈치 없는
다정다감한	수줍은	분별없는	자발적인	인정 많은
무심한 ○	모호한 ○	따뜻한	현명한	재치 있는 ●

출처: 데일 카네기 리더십 코스 기본교재

·제가 선택한 단어: 능력 있는, 우호적인, 사려 깊은, 끈기 있는, 외향적인, 재치 있는

·부서원들이 선택한 단어: 능력 있는, 무심한, 고집 있는, 고지식한, 모호한

제가 선택한 단어와 부서원들이 선택한 단어가 대부분 불일치했습니다. 저는 결과지를 받아들고 내심 놀랐고 당황스러웠습니다. 아, 이것이 심리학에서 인간이 실제 모습보다 자신을 더 훌륭한 존재로 여긴다는 '이기적 편향Self-serving Bias'이구나 하고 그때 깨달았습니다. 그들의 눈에 비친 저의 진짜 모습을 보니 제가 무엇이 부족한가를 확실히 알 수 있었습니다. 이처럼 리더 스스로 생각하는 리더십과 구성원이 느끼는 리더십에는 항상 차이가 존재합니다. 이 차이를 어떻게 좁히느냐가 리더십 승패의 관건이라고 생각합니다.

벌거벗은 힘

젊어서나 늙어서나
저기 서 있는 참나무처럼
당신의 삶을 살아라
봄에는 싱싱하게
금빛으로 빛나라
여름엔 무성하게
그리고, 그리고 나서도
가을에는

더욱 깨끗한

황금빛으로 살아라

마침내 나뭇잎

모두 떨어지면

보아라

줄기와 가지로

벌거벗은 저 힘을

— 「참나무」, 알프레드 테니슨Alfred Tennyson

벌거벗은 힘, '나력裸力'은 19세기 영국의 시인 알프레드 테니슨의 「참나무」라는 시에 나오는 말입니다. 봄을 지나 여름이 되면 나무마다 신록의 푸르름이 싱그럽게 넘쳐나는 것을 볼 수 있죠. 그러다가 가을이 되고 겨울이 오면 나무마다 잎사귀가 다 떨어지고 앙상한 나무만 남습니다. 이 앙상한 가지에서 내뿜는 기세와 힘이 '나력'입니다. 나력을 개인의 삶에도 적용해 볼게요. 대기업에 다니는 A 부장이 있다고 합시다. A 부장의 경쟁력은 대기업 브랜드와 부장 직책 그리고 개인 가치의 합입니다.

A 부장의 경쟁력=대기업 브랜드+부장 직책+개인 가치

A 부장이 은퇴하는 순간 대기업 브랜드와 부장 직책은 없어지고 개인 가치만 남게 됩니다. 이게 A 부장의 벌거벗은 힘, 곧 '나력'입니다.[2] 이 나

력이 더 가슴에 와닿도록 사이먼 사이넥Simon Sinek이 말한 퇴임한 국방부 차관의 이야기를 해 드릴게요.[3]

예전에 국방부 차관을 지낸 분이 퇴임 후 대규모 콘퍼런스에서 연설할 때 있던 일입니다. 그는 연설 도중 일회용 컵에 담긴 커피를 한 모금 마셨습니다. 그는 컵을 쳐다보며 이렇게 말했습니다.

"제가 작년에 여기서 연설을 할 때는 국방부 차관이었습니다. 비즈니스 클래스를 타고 공항에 도착하니 미리 대기하던 수행원이 호텔까지 안내해 주었습니다. 호텔에 도착하니 체크인이 다 되어 있었고 방까지 안내를 받았습니다. 다음 날 콘퍼런스 장소에 차로 데려다주었고, 도착하자 무대 뒤 대기실로 이동하여 예쁜 커피잔에 담긴 커피를 대접해 줬습니다. 제가 국방부 차관을 퇴임하고 오늘 여기 올 때는 모든 것이 달라졌습니다. 이번에 올 때는 이코노미 클래스를 타고 왔고 공항에는 아무도 나오지 않았습니다. 호텔까지 택시를 탔고 직접 체크인을 했습니다. 이곳에 도착해서는 혼자서 무대 뒤쪽으로 왔습니다. 장비를 설치하던 기술자에게 혹시 여기 커피는 없느냐?라고 물었죠. 그러자 그는 벽 쪽 테이블 위에 있는 커피머신을 손으로 가리키더군요. 저는 그쪽으로 가서 일회용 컵에 직접 커피를 부었습니다. 사실 저는 일회용 컵이 어울리는 사람이었습니다. 여러분에게 전하고자 하는 가장 중요한 교훈이 바로 이겁니다. 지금 여러분들이 누리는 복리 후생과 각종 혜택은 사실 여러분을 위한 것이 아닙니다. 직급이나 직위 등 여러분이 담당하는 역할을 위한 것이죠. 언젠가 여러분이 그 자리에서 내려오면 후임자에게 커피잔을 건네게 될 겁니다."

군 생활을 하면서 가장 허전했던 순간이 지휘관 임기를 마치고 부대 정문을 나오는 순간이었습니다. 지휘 관계가 없어진 후에도 나와 잘 지낼 부대원들이 몇 명이나 될까? 하는 생각도 해 봤습니다. 흔히들 '직책은 옷이고 자신은 옷걸이다'라는 말들을 합니다.

지금은 사람들이 당신의 화려한 옷을 보고 손을 내밀지만 언젠가는 그 옷을 벗어야 합니다. 옷이 화려하다고 당신까지 덩달아 화려한 것은 아닙니다. 옷을 다 벗은 자신의 모습을 생각하며 내면을 알차고 강인하게 만들어야 합니다. 그렇지 않으면 어느 순간 직책이 사라지면 자신의 존재 의미도 사라진다고 생각할 수 있습니다. 우울증에 빠질 수도 있습니다.[4] 이런 사람들은 현직에 있을 때 가진 명함 외에는 무기가 없는 사람이죠.

서부 개척 시대에 최고의 관건은 빨리 서부로 달려가서 땅을 차지하는 것이었습니다. 너나 할 것 없이 토지를 얻기 위해 거침없이 서부로 달렸지요. 그런데 서부로 달려가는 백인을 안내하던 인디언 한 명이 사흘을 달린 후에는 하루를 꼭 쉬었습니다. 왜 빨리 가지 않고 쉬냐고 백인이 다그치자 그 인디언이 말했습니다.

"우리가 너무 빨리 달려오는 바람에 아직 내 영혼이 따라오지 못하고 있습니다. 여기서 쉬면서 영혼이 도착할 때까지 기다려야 합니다."[5]

지금 있는 자리까지 분주하게 달려온 리더 여러분이 한번 곱씹어 볼 이야기입니다. 성급하게 앞만 보고 가다가 정작 중요한 것을 놓칠 수 있거든요. 퇴직한 직장인 상당수가 "바쁘게 생활하다가 성찰의 시간을 갖지 못한 점이 가장 후회스럽다"라고 말했습니다. 아침에 출근할 때, 일과 후에 잠시라도 삶을 음미하는 시간을 가져보세요. 내가 무엇이 부족한지, 무엇을 더 채울지 알게 해 주는 내면의 소리가 들릴 것입니다.

02
내 마음속에 키우는 두 마리 개

"리더는 왜 '나도 틀릴 수 있다'는 생각을 못 할까요?"

편견과 선입견의 덫

사람은 누구나 마음속에 두 마리의 개[犬: 견]를 키우고 있다고 합니다. 하나는 '편견'이고 또 다른 하나는 '선입견'입니다.

편견과 선입견은 미국 스탠퍼드대학교 폴 데이비드Paul David 교수가 정립한 경로 의존Path Dependency 법칙과 연관이 있습니다. 이 법칙은 '사람들이 한번 일정한 경로에 의존하면 비효율적인 것을 알아도 쉽게 벗어나지 못한다'는 이론입니다. 약 2000년 전, 유럽을 정복한 로마 제국은 말 두 마리 엉덩이 폭을 기준으로 로마로 통하는 길을 만들었습니다. 세월이 흘러 로마의 도로는 마차의 선로가 되었고, 이어서 기차의 선로가 되었습니다.

2007년 8월에 발사한 우주왕복선 엔데버호의 추진 로켓 너비는 143.51cm였습니다. 기술자들은 추진 로켓을 더 크게 만들고 싶었으나, 로켓 너비를 열차 선로 폭에 맞춰야 했기 때문에 그럴 수가 없었습니다. 아직도 사람들은 2000년 전 로마 제국 시대의 말 두 마리 엉덩이 폭으로 정한 굴레에서 아직도 벗어나지 못하고 있는 셈입니다. 고정 관념을 깨기가 얼마나 어려운지 실감 나지 않나요?

남아프리카공화국 최초의 흑인 대통령 넬슨 만델라Nelson Mandela. 한번은 그가 비행기를 탔는데 조종사가 흑인이었습니다. 흑인이라는 사실 하나만으로 만델라는 비행기의 안전을 잠시 걱정하며 불안해했습니다. 그는 훗날 당시를 회상하며 "나는 흑인 차별 반대 운동을 해 오면서도 스스로 차별 의식이 있었음을 고백합니다"[6]라고 말했습니다.

리더도 특정 간부의 과거 경력, 소문, 인상만 보고 편견과 선입견을 가질 수 있습니다. 자기도 모르게 편견과 선입견의 덫에 빠지지 않기 위해 어떤 노력을 해야 하는지 알아보겠습니다.

조직을 망치는 리더의 편향된 사고

확증 편향Confirmation Bias은 자신의 견해 또는 주장에 도움이 되는 정보만 선택적으로 취하고, 믿고 싶지 않은 정보는 의도적으로 외면하는 경향을 말합니다. 쉽게 말해 보고 싶은 것만 보고, 듣고 싶은 것만 듣겠다는 것이죠.

리더가 확증 편향에 사로잡히면 어떤 일이 일어날까요? 평소에 잘한다고 생각하는 구성원에게만 일을 몰아줄 것입니다. 자신에게 자주 보고하는 구성원만 업무를 열심히 하고 있다고 생각할 수 있습니다. 그러다 보면 리더는 조직 내 몇몇 사람을 편애하게 됩니다.

예를 들어 보겠습니다. A 중령은 업무 능력이 뛰어나 부서의 업무를 총괄하고 있습니다. 부서장 K 대령은 A 중령을 제일 좋아하고 신뢰했습니다. "자네는 우리 조직에 꼭 필요한 존재야. 자네가 없으면 업무 추진이 제대로 안 돼"라고 했습니다. 부서원들 눈에는 편애한다고 느낄 정도였습니다. 다른 간부들은 A 중령 때문에 힘들어했습니다. A 중령이 말을 함부로 해서 상처받고, 거만하게 행동해서 여러 가지 불협화음도 있었습니다. 그래도 부서장 K 대령이 A 중령을 편애하고 그의 편만 들어주니 부서원들은 건의 한번 제대로 못 한 채 끙끙대며 생활했습니다. 부서 분위기가 계속 악화하였습니다. 결국 보다 못한 K 대령이 A 중령을 불러서 주의하라고 하였는데, A 중령의 대답이 기가 막힙니다.

"저보다 여기서 더 열심히 일하는 사람 있나요? 저는 매일 야근하고 주말에도 나와 일을 합니다. 도대체 제가 뭘 잘못했는지 모르겠습니다."

A 중령은 결국 다른 부서로 자리를 옮겼습니다. A 중령이 떠나고 나자 다른 간부가 그 직책을 대신 맡았습니다. 구성원 표정이 밝아지고 팀워크도 좋아졌습니다. 당연히 업무 성과도 더 향상되었죠.

어떤 조직이든 리더가 특정 사람을 편애하거나 힘을 가진 몇몇 사람이 다른 사람 위에 군림하면 자연스럽게 다른 사람의 영향력은 줄어듭니다. 이렇게 되면 팀워크도 약해지고 집단 지성도 발휘되지 않아서 조직의 성과는 향상될 수 없습니다. 이러한 현상을 경영학자 로버트 퀸Robert E. Quinn은 '수행 능력의 횡포Tyranny of Competence'라고 했습니다.

리더가 확증 편향에 사로잡혀 특정 구성원 위주로만 업무를 수행하면 그 조직 내에서 수행 능력의 횡포가 일어납니다. 한 개인이 뛰어나게 업무 수행을 해도 팀워크를 발휘하지 못하는 조직은 점진적으로 성장이 멈추게 됩니다.[7] 특정 구성원의 수행 능력 횡포를 예방하려면 리더가 다른 구성원에게도 기회를 제공해 주고 관심을 가지는 노력이 필요합니다.

리더는 최신 편향Recency Bias도 주의해야 합니다. 최신 편향은 사람들이 어떤 판단을 할 때 최근의 경험이나 최신 정보에 더 큰 의미를 두는 경향을 말합니다. 리더가 최신 편향에 치우치면 구성원을 객관적으로 평가하지 못합니다. 즉, 리더가 구성원을 평가할 때 평소에 성취한 내용을 종합해서 평가하지 않고, 최근에 중요한 업무를 수행하는 구성원만 우수하게 평가하는 것입니다. 당연히 공정한 평가가 될 수 없는 거죠.

리더가 '피크엔드 법칙Peak-end Rule'에 사로잡히면 공정한 평가를 못합니다. 이 법칙은 가장 좋았던 순간Peak과 가장 마지막End 순간의 평균값을 기억하는 경향을 말합니다. 예컨대 영화를 볼 때도 가끔 클라이맥스 장면과 엔딩 장면 두 개가 얼마나 인상적이었나에 따라 '그 영화 좋았어'라고 평가하는 것. 이런 현상이 바로 피크엔드 법칙입니다.

인간의 뇌가 단순해서 전체 기간을 무시해 버리고 특정 순간만 기억하기 때문에 이런 현상이 나타납니다. 예를 들어 A 간부는 늘 업무를 소극적으로 하다가 아주 중요한 순간에만 적극적으로 업무를 했습니다. 그런데 부서장 K 중령은 성과 상여금 심의 때 A 간부가 열심히 했던 순간과 가장 최근에 수행한 업무만 생각해서 다른 구성원보다 더 우수하게 평가해 버렸습니다. 그러면 묵묵히 성실하게 업무를 해 온 구성원은 공정하지 않다고 이야기할 수 있습니다. 그래서 리더는 구성원이 결정적인 순간에 잘한 것만 기억하지 말고 평소에 어떻게 하는지 그 내용을 메모하고 종합적으로 평가해야 합니다.

현재 입장에서 과거를 미화하는 오류

시대를 막론하고 어른들은 '젊은 사람들이 예의가 없다'고 말합니다. 안타깝게도 이런 훈계는 근거를 찾기가 어렵습니다.[8]

미시간대학교 마커스Hazel Rose Markus 교수는 한 실험을 통해 과거는 사실과 다르게 미화된다는 것을 입증했습니다.

그는 898명의 중년 부모와 그들의 자녀 1135명을 대상으로 9년간에 걸친 조사 결과 한 가지 놀라운 사실을 발견했습니다. 1982년에 사람들이 회상한 1973년의 모습은 실제 1973년 당시의 실제 모습과 달랐습니다. 오히려 현재 자신의 모습을 더 닮아 있었습니다. 즉, 사람들은 자신도 모르게 현재 입장에서 과거를 미화하는 오류를 범한다는 것입니다.

주위를 둘러보면 초등학교 때 공부를 못했다는 사람을 찾아보기 힘들지 않나요? 사람들이 자서전을 쓸 때도 과거를 회상하면서 자신의 역사를 미화하게 됩니다.

저도 지휘관 시절 과거 이야기를 꽤 많이 했습니다.

"내가 소대장 때는 말이야. 내가 참모 할 때는 그렇게 안 했지."

제가 이런 말을 할 때면 저도 모르게 흥분되고 감정 이입되어 그 당시와는 다르게 과장해서 말할 때가 많았습니다.

상급자들의 과거 경험담을 들을 때는 처음에는 감탄하면서 듣습니다. 하지만 같은 이야기를 두세 번 듣다 보면 '과연 저 이야기가 사실일까?' 하는 생각을 하게 됩니다. 이처럼 리더는 '자기도 모르게 과거는 미화된다'는 것을 분명하게 알아야 객관적으로 자기를 인식할 수 있습니다. 물론 '나 때는 말이야'라는 말도 함부로 하지 않게 되죠.

"애벌레가 나비가 되고 나면 애벌레는 처음부터 작은 나비였다고 주장한다. 성숙의 과정이 모두를 거짓말쟁이로 만들어 버린 것이다."

하버드대학교 조지 베일런트George Vaillant 교수의 말인데 일리가 있지 않나요?

리더의 취향과 코드는 직급이 올라갈수록 정교해지고 단단해집니다. 그러다 보면 '나도 틀릴 수 있다'는 생각을 못 하게 됩니다. 자기도 모르게 편견과 선입견의 덫에 빠져들어 조직을 위태롭게 할 수도 있습니다.

편견과 선입견이라는 두 마리 개를 쫓아버리는 특별한 개를 키워보세요. 그 개는 '백문불여일견百聞不如一見'입니다. '백 번 듣는 것보다 한 번 보는 것이 낫다'는 뜻이지요. 그렇지 못하고 '이렇다더라, 저렇다더라' 하는 소위 '카더라 통신'을 구축하면 편견과 선입견은 더 강해질 것입니다.

선입견과 편견에 빠지지 않도록 에펠탑 효과Eiffel Tower Effect도 알고 적용하면 도움이 될 것입니다. 에펠탑 효과는 처음에는 싫어하거나 관심이 없었지만, 대상에 대한 반복 노출이 거듭될수록 호감도가 증가하는 현상을 말합니다. 파리의 에펠탑 건립 계획을 처음 발표했을 때 많은 예술가와 시민이 반대했습니다. 그 이유는 철골 구조물(7천 톤, 320m)은 고풍스러운 파리와 어울리지 않고 천박하다고 생각했기 때문이죠. 결국 에펠탑은 20년만 유지하고 철거한다는 조건으로 건축했습니다. 하지만 현재 프랑스 에펠탑의 존재감은 어떤가요? 프랑스의 자랑거리이며, 전 세계 수없이 많은 관광객이 에펠탑을 찾고 있습니다. 즉, 에펠탑 효과는 쉽게 말해 '자주 보면 정들고, 정들면 좋아지기 마련이다'라는 것입니다. 그러니 편견과 선입견에 빠지지 않고 서로 좋은 인상을 주려면 리더뿐 아니라 구성원도 서로 자주 접촉하고 소통하는 것이 중요합니다.

03
리더가 실패하는 이유

"실패하는 리더의 공통점은 무엇일까요?"

생존한 전투기에서 원인을 찾지 마라

미국 해군 분석센터 연구원이 2차 세계대전에 참전해서 생존한 전투기들의 총탄 자국을 분석했을 때 일입니다. 생존한 전투기는 대부분 날개와 꼬리에 총탄 흔적이 있었습니다. 그래서 연구원 대부분은 날개와 꼬리를 더 튼튼하게 보강해야 한다고 말했습니다. 그런데 한 연구원만 그 주장에 반대하면서 조종석과 엔진 부위를 더 보강해야 한다고 주장했습니다. 왜 그랬을까요? 날개와 꼬리에 총탄을 맞은 전투기는 생존했지만 조종석과 엔진 부위에 총탄을 맞은 전투기는 추락했기 때문입니다. 즉 생존한 전투기보다 추락한 전투기에서 원인을 찾아야 한다고 주장한 것이죠.

자칫 잘못했으면 미 해군이 전투기 생존에 별 도움이 안 되는 전투기 날개와 꼬리를 보강하는 엉뚱한 짓만 할 뻔했습니다. 여기서 '생존자 편향Survivorship Bias' 개념이 나왔습니다. 생존자 편향은 어떤 선택 과정에서 특정한 사람이나 사물에 집중하고 나머지는 간과하는 오류를 말합니다. 생존자 편향 오류는 리더십 연구에도 그대로 적용됩니다. 성공한 리더에게만 집중하다가 자칫 리더가 실패하는 이유에 대해서는 간과할 수 있거든요.

리더십 실패 유형 7가지

리더십의 성공 요인은 다양하지만 실패 요인은 덜 다양하고 공통 분모가 있습니다. 백기복 교수는 리더십 실패 유형을 7가지로 구분했습니다.[9]

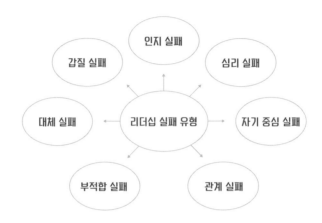

① 인지 실패: 전문성이 없고 조직을 이끌어갈 역량이 없어 실패하는 유형입니다. 이런 유형은 자신의 부족한 전문성을 만회하려고 잘 챙겨주고 배려해 주는 인간 관계에만 치중합니다. 리더가 직책이 올라갈수록 필요한 지식을 공부해야 인지 실패를 면할 수 있습니다.

② 심리 실패: 자신감이 없거나 성공에 자만하여 실패하는 유형입니다. 이런 유형은 우유부단하거나 과거 성공 경험에 도취하여 약점 보완을 게을리하는 리더입니다.

③ 자기 중심 실패: 부하들의 욕구는 무시한 채 리더 자신의 욕구와 입장만을 생각해서 실패하는 유형입니다. 이런 유형은 자기 긍정이 매우 강하고 성취 욕구가 높아 자신이 항상 옳다는 확신을 가지고 있습니다. 리더 자신의 욕구와 본능을 절제하는 노력이 필요합니다.

④ 관계 실패: 리더가 본인은 헌신하지 않고 업무 중심으로 인간 관계를 이끌기 때문에 실패하는 유형입니다. 이런 유형은 업무만큼 사람도 중요하다는 생각을 가져야 합니다.

⑤ 부적합 실패: 수행하는 업무나 구성원이 리더의 스타일과 맞지 않을 때 실패하는 유형입니다. 이런 유형은 바뀌는 상황에 맞게 본인의 리더십 스타일을 변화시켜 나가는 노력이 필요합니다.

⑥ 대체 실패: 책정된 자원이 없거나 권한 자체가 주어지지 않을 때 실패하는 유형입니다. 이런 유형은 리더 자신의 문제보다 주변 환경의 문제가 커서 실패하는 경우입니다.

⑦ 갑질 실패: 리더가 비인격적 행위를 저질러서 실패하는 유형입니다. 이런 유형은 습관적으로 자기 성질대로 말하거나 행동을 합니다. 꾸준한 자기 성찰과 개선이 필요합니다.

위의 7가지 중에 당신은 어느 리더십 실패 유형에 가장 많이 노출되어 있나요?

초기 실패 비용

리더가 새로운 직책에 임명될 때 부임 초기에 과도한 의욕은 독이 될 수 있습니다. 본질에 맞지 않는 변화를 시도하여 불필요한 비용이 발생할 수 있거든요. 그 과정에서 구성원은 안 해도 되는 고생을 합니다. 이를 '초기 실패 비용'이라고 합니다.

저도 대대장으로 부임했을 때 '초기 실패 비용'을 경험했습니다. 본질을 모르고 새롭게 무엇을 하겠다는 의욕만 앞서서 처음부터 여러 가지를 무리하게 시도했습니다. 당연히 간부들이 힘들어하고 얼굴에 생기가 사라지는 것을 느꼈습니다. 그러던 어느 날 주임원사가 저를 찾아와서 말했습니다.

"대대장님, 지휘관이 100m 단거리 육상 선수라면 저희 부사관은 42.195km 마라톤을 하는 선수입니다. 지휘관이 새로 부임할 때마다 단기간에 성과를 내려고 하면 저희 부사관은 지치고 힘듭니다."

그 당시 주임원사가 해준 말이 아직도 생생하게 뇌리에 남아 있습니다. 이런 저와 달리 '초기 실패 비용'을 노련하게 피해 가는 지휘관을 만난 적이 있습니다. 그분은 취임 후 전 간부와 처음 대면하는 자리에서 "저는 이 부대 상황에 대해 잘 모릅니다. 많은 것을 변화시킬 능력도 없습니다. 전임 지휘관과 여러분이 이룩해 놓은 업적을 계승 발전시켜 나갈 것입니다"라고 말했습니다. 실제 그분은 간부들이 느끼는 불편하고 비효율적인 사항을 경청했습니다. 합리적인 방법으로 하나씩 개선해 나갔습니다. 진행 과정은 부드러웠고, 갈등도 마찰도 없었습니다. 부대는 소리 없이 좋은 방향으로 개선되어 갔습니다.

'초기 실패 비용'을 줄이기 위해서는 상급 지휘관의 역할도 매우 중요합니다. 막 부임한 예하 부대 지휘관이 여유를 가지고 부대원들과 제대로 호흡하고 적응하도록 여건을 보장해 주어야 합니다. 통상 새로 부임한 지휘관은 차상급 지휘관에게 업무 파악 결과와 앞으로 부대 지휘 방향에 대해서 업무 보고를 합니다. 갓 부임한 지휘관에게 업무 보고 부담을 줄여주는 배려도 필요합니다. 부대의 현실태를 세밀하게 진단하고 발전 방안을 도출하는 것은 상당한 시간이 흐른 뒤에나 가능한 일입니다. 오히려 새로 부임한 지휘관에게 부대와 간부들의 장점을 새로운 시각으로 찾아보라고 하면 '초기 실패 비용'이 현격히 줄어들 것입니다.[10]

새로 부임하는 리더의 역할도 중요합니다. 무리하게 변화를 시도하거나 처음부터 업무 보고를 잘해서 인정받으려고 욕심을 부리면 부대가 흔들릴 수 있습니다.

어떻게 하면 "야! 이번에는 정말 좋은 지휘관이 왔네!"라는 인상을 줄 수 있을까요? 무리하게 변화를 시도하지 마세요. 대신에 누구나가 다 비효율적이라고 생각하는 업무를 개선해서 근무 여건이 좋아졌다는 혜택을 실감하게 해 보세요.[11] 다들 좋아할 것입니다. 물론 부임 초기에 리더가 새로운 관점으로 조직을 바라보면서 변화를 시도하는 것은 필요합니다.

다만, 창의적이고 새로운 변화를 시도할 때는 치밀하게 분석하고 연구한 결과를 가지고 추진해야 합니다. 본질을 모르고 즉흥적으로 급하게 추진한 업무는 다음 리더가 오면 다시 원상태로 될 수 있거든요.

리더십 초점 전이

'리더십 초점 전이Leadership Focus Transition'는 자신의 직책과 직급이 달라지면 지향해야 할 리더십의 중점도 변화되어야 한다는 말입니다. 소규모 부대를 이끄는 소대장과 대규모 부대를 지휘하는 사단장의 리더십 초점은 당연히 달라야 합니다. 이처럼 직급이 올라갈수록 리더가 책임지고 관심을 가져야 하는 내용과 방식은 달라집니다. 현장에서 땀을 흘리고 세부적인 사항들을 확인하는 데 들어가는 시간은 점차 줄어듭니다. 대신에 비전과 목표 설정, 조직 운영 구상, 인적 자원 개발 등을 고민하는 데 들어가는 시간은 늘어나는 거죠.

제가 연대장으로 근무할 때였습니다. 통상 사단장님이 취임하면 연대 본부를 곧장 방문합니다. 그런데 이번 사단장님은 취임한 지 3주가 지나도 오지 않았습니다. 이상하다 싶기도 하고, 궁금하기도 했습니다. 4주가 지나서야 사단장님이 방문했습니다. 그때야 이유를 알았습니다. 사단장님은 "대대장, 연대장은 내가 이미 경험을 해서 아는데 사단장은 처음 하는 직책이라 파악할 내용이 많았다. 취임 후에 대략 한 달 동안 사단장의 역할을 고민하고 사단 참모부와 직할대 업무를 우선 파악하느라 늦었다"라고 했습니다. 당시에 그 사단장님이 새로운 역할에 맞는 능력을 갖추기 위해 노력하는 모습이 참 인상적이었습니다.

다른 예를 들어 보겠습니다. K 소령은 뛰어난 실무 능력을 인정받아 진급해서 대대장으로 부임했습니다. 그런데 그의 장점인 실무 능력은 오히려 대대장 역할에 방해 요인으로 작용했습니다. 왜일까요? 대대장이 되어서도 간부들 업무를 꼬치꼬치 간섭하니 대대원들은 자율성이 떨어지고 의욕도 상실했습니다. 본인 역시 늘 분주하고 마음의 여유가 없습니다. 대대장 역할에 필요한 부대 운영의 맥을 잡고 목표 설정, 권한 위임 등을 제대로 못하고 일일이 간섭만 하니 부대원들은 K 중령을 '소대장 같은 대대장'이라는 말도 했습니다.

안타깝게도 새로운 직책에 걸맞게 '리더십 초점 전이'를 제대로 못한 경우입니다.

하버드 경영대학 마이클 포터Michael Porter 교수는 매출이 1조 원 이상인 기업의 신임 CEO들과 나눈 대화를 바탕으로 그들이 입을 모아서 말한 충격적인 고백을 7가지로 정리했습니다.[12]

① 나는 회사를 운영할 수 없다.
② 내가 지시를 하면 예상하지 못한 큰 비용이 발생한다.
③ 회사 내에서 무슨 일이 진행되고 있는지 파악하기 힘들다.
④ 나의 사소한 말과 행동도 직원들에게 전파되고 있다.
⑤ 나는 보스가 아니다. (이사회가 나를 엄격히 조정하고 감독한다)
⑥ 주주를 만족시키는 것이 나의 중요한 목표가 아니다.
⑦ 나도 여전히 인간일 뿐이다.

'신임 CEO들이 겪는 7가지 놀라움'을 보면서 어떤 생각이 드나요? 저는 많은 공감을 했습니다. 제가 20년 동안 군 생활을 하고 나서 대대장 직책을 수행하는 데도 각각의 참모 기능 업무들이 어렵고 복잡했습니다. 제가 의욕을 가지고 지시한 일들이 오히려 비효율적인 결과를 가지고 오는 경우도 있었습니다. '내가 대대장으로 제대로 할 수 있는 일이 도대체 뭐지?'라는 회의적인 생각을 한 적도 있었습니다. 지금 돌이켜 보면 새로운 직책에서 요구되는 역할을 제대로 못한 것입니다.

새로운 직책에 맞는 자신의 역할을 다시 인식하고 그 직책에 걸맞은 능력을 스스로 갖추어 나갈 때 '리더십 초점 전이'가 자연스럽게 일어날 것입니다.

04
성공과 경험의 함정

"리더의 과거 성공 경험이 왜 걸림돌이 될까요?"

참모총장 앞에서 MZ세대 작심 발언

2018년 11월 7일, 〈장군에게 전하는 용사들의 이야기〉세미나가 육군 회관에서 열렸습니다.[13] 이날 참석한 병사들은 육군 참모총장과 장군들에게 과격하다 싶을 정도로 뼈아픈 질타와 의견을 쏟아냈습니다. 아마 창군 이래 이런 일은 처음이었을 겁니다.

"대한민국 육군처럼 병사의 자유를 1에서부터 10까지 철저히 통제하는 군대는 없습니다."(안정근 일병)

"용사를 통제와 후견의 대상 또는 금치산자禁治産者, 합리적으로 판단할 능력이 없는 사람로 보고 있습니다."(김승욱 병장)

"용사들은 자긍심을 잃었고, 육군은 신뢰를 잃었습니다."(성해원 상병)

이날 병사들은 옛날 같으면 상상도 할 수 없는 말들을 참모총장 앞에서 서슴없이 말한 것입니다. 이렇게 용감한(?) 병사들이 속속들이 군대로 오고 있습니다.

초급 간부들도 만만치 않습니다.

"대대장님은 보여주기식 지휘를 한다고 들었습니다. 저는 잘못되었다고 생각합니다."

갓 임관한 소위가 대대장과 첫 면담 간에 한 말입니다. 대대장이 순간 당황해서 말문이 막혔다고 합니다. 옛날 군대 같으면 "뭐 이런 놈이 다 있어!" 하면서 혼이 났을 것입니다.

사회에서뿐 아니라 군대에서도 기성세대와 MZ세대 간부·병사들 간에 갈등이 표출되고 있습니다. 자신의 경험과 확신은 고정되어 있는데 외부 환경은 끊임없이 변하고 있는거죠. 이럴 때 리더의 과거 성공 경험은 양날의 검이 될 수 있습니다. 잘 쓰면 신뢰할 수 있는 길잡이가 되고, 잘못 사용하면 독이 될 수 있지요. 리더가 정형화된 생각과 피상적인 앎을 경계하고, 시대의 변화에 민감하게 반응하기 위해 필요한 내용을 알아보겠습니다.

패턴 의식을 만드는 뇌의 작동 원리

나를 존재하게 한 성공 경험과 방식에 집착해서 현재 상황과 맞지 않는 데도 끼워 맞추려는 것을 '패턴 의식'이라고 합니다. 이와 관련해서 교훈을 주는 유명한 사건이 있습니다. 2005년 8월 29일, 미국 동남부에 허리케인 '카트리나'가 상륙했습니다. 이 당시 국토안보지휘센터 매슈 브로더릭Broderick 준장은 자타가 공인하는 재난 통제 전문가였습니다. 그는 뉴올리언스 제방이 무너질 수 있다는 보고를 12시간 동안 무려 17번이나 받았습니다. 하지만 그는 과거 자신의 경험을 근거로 별 피해가 없을 것으로 판단하여 적절한 조치를 하지 않았습니다.

그의 판단과 달리 피해는 엄청났습니다. 이재민 110만 명, 확인된 사망자와 실종자는 2500명, 80% 침수, 재산손실 1080억 달러. 미국 역사상 최악의 자연재해로 평가되었습니다.[14] 재난 통제 전문가가 자신의 직관과 경험에만 의지하다가 안타깝게 최악의 사태를 초래하고 말았습니다.

뇌의 원리를 알면 패턴 의식을 보다 쉽게 이해할 수 있습니다. 인간의 뇌 속에는 1000억 개 이상의 신경 세포(뉴런)가 있고, 각각의 신경 세포는 시냅스가 연결합니다. 외부의 자극을 통해 신경 세포가 흥분되면 신경 세포 사이 시냅스의 연결도 강화되지요. 또한 동일 자극이 반복되고 감정마저 섞이면 시냅스의 연결은 더 강화됩니다.[15] 이 과정에서 뇌는 'A자극에는 B반응이다'라는 패턴이 굳어집니다. 쉽게 말해 사고방식이 '패턴화' 되는 거죠. 수많은 성공 경험이 있는 리더는 자신도 모르게 그 경험이 뇌 속에 저장되어 사고가 패턴화될 가능성이 있습니다. 어떤 문제가 생기면, 과거에 자신이 성공했을 때의 감정, 경험, 지식과 정보가 집약된 자료를 순간적으로 뇌에서 *끄집어내기* 때문입니다. 뇌는 항상 저항이 적은 길을 선택합니다. 이런 뇌가 판단하고 결정하기 때문에 기존에 익숙한 대로 생각하고 행동하면서 '자신의 판단이 틀릴 수도 있다'라는 생각을 못할 가능성이 큽니다.[16]

사례를 하나 들겠습니다. 군에서 탁월한 업무 능력을 인정받은 A 중령은 대대장 부임 후 간부들이 자신의 의도를 모른다며 자주 불평을 늘어놓았습니다. 그러나 부대원들은 오히려 A 중령의 거친 말투, 심한 질책으로 힘들어했습니다. 그 사실을 안 연대장이 A 중령에게 주의하라고 경고했습니다. 그런데 오히려 A 중령은 발끈해서 "저는 규정대로 지휘권을 행사했고 정당한 지시를 했습니다. 요즘 간부들의 개인주의적 성향이 더 문제입니다"라고 말했습니다. 이 말을 들은 연대장은 부하들의 불만이 담긴 부대 진단 설문 내용을 다 보여주었습니다. 그제야 A 중령은 마지못해 "부대원들에게 사과하겠습니다"라고 했습니다. 그 후에 A 중령은 형식적인 사과만 했을 뿐 본인이 그동안 해 오던 업무 스타일을 그대로 고수했습니다. 그 결과 어떻게 되었을까요? 부하들은 참다못해 사단 감찰에 고충 신고를 했고, 감찰 조사 결과 A 중령의 과오가 많이 드러났습니다. 결국 A 중령은 징계를 받았습니다. A 중령은 자신의 업무 방식에 대해 강한 확신이 있었지만 그 방식이 상황에 맞지 않을 수 있다는 생각을 못 한 것입니다.

"네가 그토록 자랑스러워 하는 것이 마침내 너를 파멸로 이끌 것이다" 라고 했던 몽테뉴Michel de Montaigne의 말이 떠오르는 사례입니다.

고대 로마에서는, 전쟁에서 승리한 장군들이 시민들의 환호 속에서 개선 행진을 할 때 노예가 전차 옆에서 바짝 뒤따르면서 "당신은 한낱 인간일 뿐임을 잊지 마시오"라고 속삭였다고 합니다. 성공과 승리는 영원할 수 없음을 환기하라고 메시지를 보낸 것이지요. 리더가 구축한 자신만의 경험 콘텐츠는 양날의 검이 될 수 있다는 것을 기억하세요.

낡은 데이터를 업데이트Update 하라!

리더가 경험으로 얻은 지식도 대부분 과거형이 많습니다. 제가 대대장으로 근무할 때 있었던 일입니다. 제가 훈련하는 장소에 가서 훈련 방법이 틀렸다고 지적을 했는데 나중에 알고 보니 과거에 적용하던 훈련 방법이었습니다. 이처럼 리더가 확신하는 수많은 경험과 지식도 유통기한이 있습니다. 변화의 흐름에 맞춰 꾸준히 업데이트하지 않으면, 시대에 뒤처지고 가치도 그만큼 하락하게 됩니다.

하버드대학교 물리학자 새뮤얼 아브스만Samuel Arbesman 교수는 그의 저서『지식의 반감기The Half-Life of Facts』에서 "우리는 자신이 알고 있던 지식을 빠르게 버려야 하는 시대에 살고 있다. 조금만 게을러지면 고학력자도 동네 아저씨로 쉽게 전락하고 만다'라고 경고했습니다.[17]

"옛날 사람들은 자기 자신을 위해 배웠지만, 요즘 사람들은 남에게 잘 보이기 위해 배운다古之學者爲己, 今之學者爲人"라는 공자의 말을 새겨들을 필요가 있습니다. 리더가 피상적으로만 아는 지식으로는 통찰력이 생기지 않거든요.

피상적인 지식의 위험성을 지적하는 예를 하나 들어볼게요.

물리학자 대신 강의한 운전사

1918년, 독일의 물리학자 막스 플랑크Max Planck는 양자역학 이론으로 노벨 물리학상을 받았습니다. 그는 금세 유명해져서 독일 전 지역에서 강연 요청이 쇄도했지요. 3개월간 20회 이상 강연이 반복되자 그의 운전사도 강의 내용을 줄줄 외울 정도가 되었습니다.

하루는 강의를 앞두고 막스 플랑크가 피곤한 상태로 의자에 앉아 있었습니다. 그 모습을 본 운전사는 측은하게 생각하여 "제가 강의 내용을 다 외우고 있으니 단상에 올라 강의를 대신 해 보겠습니다"라고 말했습니다. 막스 플랑크는 호기심으로 그 제안을 수락했고, 운전사는 강단으로 올라가 강의를 시작했습니다. 막스 플랑크는 운전사의 모자를 대신 쓰고 앞자리에 앉아 그의 강의를 지켜봤습니다. 결과는 어땠을까요? 운전사는 박사급 이상의 수준 높은 청중 앞에서 양자물리학에 대해 긴 강연을 무리 없이 해냈습니다. 아무도 그가 막스 플랑크의 운전사라는 것을 눈치채지 못했습니다. 강의 후 질문 내용도 어렵지 않아서 쉽게 답변했습니다.

그런데 강연이 끝날 무렵 돌발 상황이 발생했습니다. 한 물리학 교수가 전혀 예상치 못 한 수준 높은 질문을 던진 것입니다. 그러나 운전사는 조금도 당황하지 않고, "그런 질문은 제 운전사도 대답할 수 있으니 그에게 부탁하겠습니다"라며 앞자리에 앉은 진짜 막스 플랑크에게 답변을 넘겼습니다. 이 재미있는 에피소드는 리더가 본질을 모르는데 아는 것처럼 행동하는 것이 위험하다는 교훈을 주는 사례입니다.

대기업 부회장이 매일 4시에 잠행潛行하는 이유

피상적인 지식만으로는 절대 통찰력이 생기지 않습니다. 자신이 아는 것과 실제 현장과의 차이도 생깁니다. 무엇보다 본능적인 촉이 만들어지지 않습니다.

기업 LG생활건강의 차석용 부회장의 예를 들어 보겠습니다. 그는 시장의 최신 흐름과 밑바닥의 미세한 변화까지 느끼려고 길바닥에서 시간을 보내는 경우가 많다고 합니다. 그는 2005년 1월 대표이사에 취임한 후 17년 동안 한 해도 거르지 않고 매년 매출과 영업 이익 모두 최대 실적을 경신하며 기업을 성장시켰습니다. 그사이 매출은 8배, 영업 이익은 23배 넘게 늘어났습니다.

차 부회장은 오후 4시 퇴근 후 비서에게 일정을 알리지 않고 매일 잠행하는 것으로도 유명합니다. 도대체 어디로 가는 걸까요? 차 부회장은 말합니다.

"저는 오후 4시에 퇴근한 뒤에는 백화점, 상점, 면세점도 가고, 서울 시내 삼청동, 인사동도 가고, 가로수길도 갑니다. 온갖 곳을 다 돌아다녀 봅니다. 자꾸 가 보면 사람들이 변하는 것들이 보여요. 가로수길도, 압구정도 다 아는 것 같지만 세상은 끊임없이 빨리 변합니다. 자기가 안다고 생각하는 것과 실제와의 괴리가 생기면 문제가 발생하고 실수를 합니다."

차 부회장은 매일 깊은 독서와 학습을 하는 것으로도 널리 알려져 있습니다. 미국의 유명 전문 저널 4개를 포함해 미용·헬스·리빙·럭셔리 분야의 16개 전문 잡지·저널을 정기 구독하고, 매월 국내외 서적 10여 권 정도를 별도로 읽습니다. 그래서 그는 60대 후반이지만 젊은 사람들이 어떤 걸 왜 좋아하는지 훤히 꿰뚫고 있다고 합니다.[18]

대한민국 경영계에 새로운 경지와 지평을 연 차석용 부회장, 그는 경쟁사들이 보지도, 듣지도, 느끼지도 못 하는 소비자의 욕구를 찾아내는 본능적인 촉이 필요하다고 늘 강조합니다.

'언러닝Unlearning'은 배운 것을 고의로 잊어버린다는 말입니다. 과거의 성공 경험이나 익숙한 것들에서 벗어나 새로운 것들을 학습한다는 의미로 사용되죠.

리더는 지금의 성공을 만들어준 경험이 걸림돌이 되지 않도록 새로운 시각으로 보고 배우는 노력을 끊임없이 해야 합니다.

05
리더가 흔들리면 부하도 흔들린다

"리더를 유혹하는 인간의 본성은 무엇일까요?"

내 이럴 줄 알았다

악성 사고가 발생하거나 일의 결과가 잘못되면 리더는 책임을 회피하려는 성향이 있습니다. 예를 들어 보겠습니다. 구제역이 전국으로 확산된 어느 날, A 부대는 교차로에 3개의 초소를 운용했습니다. 그런데 야간에 초소에 투입되던 병사 한 명이 음주 운전 차량에 치여 사망한 사건이 발생했습니다. 이 사실을 작전과장 K 소령이 대대장에게 즉시 보고합니다. 그런데 그 대대장이 보고를 받고 냅다 소리부터 칩니다.

"내가 그 초소 위치가 부적절하다고 분명히 이야기했지! 사고 날 줄 알았다. 간부들 순찰은 규정대로 했나? 근무자 교대 시간은 준수했어?" 대대장은 안절부절못하며 작전과장 K 소령을 심하게 질책합니다. 마치 수사관이 피의자를 심문하는 느낌이 들 정도로 책임 추궁을 합니다. 혹시나 본인이 사고의 책임을 지고 처벌받을까 전전긍긍하는 대대장의 모습이 K 소령 눈에는 오히려 안쓰러워 보입니다. 이런 일이 있고 나서 K 소령은 대대장을 진심으로 따를 수 있었을까요?

책임을 회피하는 리더는 '내 이럴 줄 알았다'라는 말을 자주 합니다. 이는 착각입니다. 그 어떤 일도 결과를 쉽게 예견할 수 없기 때문입니다.

사고 날 것을 예측했다면 리더가 직접 나서서 적극적으로 조치를 해야 합니다. 적극적으로 조치를 안 한 이유는 분명한 근거와 확신이 없었기 때문입니다. 쉽게 말하면 사건이 일어나기 전에는 아무 말도 못 하다가 사건이 일어나면 "내 이럴 줄 알았다. 그렇게 될 줄 알았어"라고 말하는 거지요. 이를 심리학에서는 '사후 확신 편향'이라고 말합니다. 어떤 일의 결과만 보고 그 일이 일어날 것을 처음부터 알고 있었던 것처럼 믿게 되는 인간의 착각을 말하는 것입니다.

리더가 사후 확신 편향이 강할수록 구성원은 면피할 궁리를 하면서 자기를 보호하는 방향으로 몸을 사리게 됩니다. 사후 확신 편향을 예방하려면 리더는 조직을 운영하면서 나타나는 위험 요소를 평소에 체크하고 적극적으로 조치를 해야 합니다. 사고 날 수도 있겠다는 생각만 하다가 문제가 되면 그때야 내 이럴 줄 알았다고 하면 안 되는 거죠.

리더의 이익과 안일함

리더가 자기의 이익과 안일함을 희생할 때 부하들은 자신들이 보호받고 있다는 감정을 느끼고 최선을 다해 임무를 수행합니다. 2009년 9월 8일, 아프가니스탄 전쟁터, 스웬슨 대위와 그의 동료들이 적군에 둘러싸인 포위망을 뚫고 전투 중입니다. 스웬슨 대위와 동료들은 빗발치는 총알과 포탄 속을 달려 총상을 입은 동료를 부축해서 구출해 왔습니다. 그 동료를 안전한 지대에 두고 다른 동료를 구하러 적진 속으로 달려갑니다. 이 장면이 구급 헬기로 현장에 도착한 의무병의 헬멧에 부착된 카메라에 고스란히 녹화되었습니다. 리더십 전문가인 사이먼 사이넥Simon Sinek은 녹화 영상을 보면서 한 가지 사실이 궁금했습니다. '자신의 목숨이 위태로운 상황에서도 전우들을 위해 달려가는 저런 행동은 어디서 나오는 것일까?' 이 궁금증을 해소하려고 그는 당시 현장에 있던 동료들을 대상으로 인터뷰를 진행했습니다. 그들은 한결같이 "다른 전우들도 그런 상황에서 나와 똑같이 행동했을 것입니다"라고 대답했습니다. 평소에 구성원 간에 상호 '신뢰와 협동'이 뒷받침돼야 이런 행동이 가능하다는 것을 사이먼 사이넥은 알게 되었습니다.

그렇다면 '조직 구성원의 신뢰와 협동은 어떻게 나오는가?' 그는 이 문제를 다시 집중적으로 연구했습니다. 결국 '리더가 자기의 이익과 안일함을 희생할 때 부하들은 보호받고 있다는 감정을 느낀다. 이런 감정을 느낀 부하들은 리더가 제시하는 목표와 비전을 이루기 위해 피와 땀과 눈물을 바친다'고 결론을 내렸습니다.

저는 이 연구 결과를 보면서 '나는 지휘관을 하면서 진심으로 나의 이익과 안일함을 희생한 적이 몇 번이나 되는가?'라고 생각하면서 통렬한 반성을 했습니다.

참모들, 특히 주무 참모인 작전과장에게 "부대는 신경 쓰지 말고 휴가 잘 다녀와!"라고 말은 했지만, 기분 좋게 보낸 경우는 많지 않았습니다. 사실 참모가 휴가 중이어도 부대에 지휘관이 있으면 큰 문제는 없습니다. 다만 지휘관이 약간 더 일이 많아질 뿐인데, 그것을 감수하기 싫었던 것입니다. 말하자면 저의 이익, 즉 제가 좀 더 편하고 싶은 생각을 한 것입니다. 위국헌신 군인본분爲國獻身 軍人本分은 어떤 거창한 것보다 리더가 지금 있는 곳에서 자신의 이익과 안일함을 희생하면서부터 시작되는 것이 아닐까요?

내가 좀 불편하면 된다

리더가 자신의 불편을 감수하고 인내심을 가지고 부하를 지도해서 감동을 끌어낸 사례를 소개하겠습니다.

대대장 L 중령은 내성적이고 소극적인 H 중위를 인사과장으로 보직하자고 제안했습니다. 작전과장도 반대하고 중대장들도 반대했습니다. 'H 중위는 업무를 제대로 할 수 없다. 1년 후에 전역하기 때문에 열심히 안 할 것이다'라고 생각했기 때문이었습니다. L 중령은 "내가 좀 불편하면 된다. H 중위가 인사과장 업무를 잘하도록 내가 알려주고 또 알려줄 것이다"라고 했습니다. 그래도 작전과장과 중대장들은 극구 반대했습니다. 이때 L 중령이 단호하게 말했습니다.

"나는 부하를 버리지 않는다."

결국, H 중위는 인사과장 직책을 수행하게 되었습니다. 간부들이 예상했던 대로 H 중위는 업무가 서툴렀고 본인도 힘들어했습니다. L 중령은 전혀 내색하지 않고 차근차근 업무를 지도했습니다. 지도해 주는 만큼 업무 수준이 향상되지 않으니 오히려 옆에서 지켜보는 간부들이 답답해할 정도였습니다. L 중령은 의식하지 않고 계속 차분하게 알려주었습니다. 규정과 방침을 알려주고 구체적인 내용은 H 중위가 고민해 보도록 했습니다.

L 중령의 노력은 6개월 동안 계속되었습니다. H 중위도 점차 대대장의 진정성을 알고 적극적으로 업무에 임했습니다. 시간이 흐를수록 H 중위의 업무 추진 능력이 눈에 띄게 좋아졌습니다. 전역 2개월을 앞둔 시점에서는 모든 간부가 인정할 정도로 업무 수행을 잘했습니다.

H 중위는 전역하면서 대대 전 간부 앞에서 그동안의 소회를 밝혔습니다.

"저도 제가 업무 수행을 제대로 못 하는 것을 알고 있었습니다. 대대장님은 그런 저를 인사과장에 보직해 주셨습니다. 저를 보며 얼마나 답답하셨을까요? 대대장님은 끝까지 기다려주셨습니다. 대대장님 덕분에 자신감도 생겼고 군 생활 마지막을 정말 잘하고 나갑니다. 자신감도 생겼습니다. 대대장님, 정말 감사합니다."

아마 H 중위는 대대장 L 중령을 평생 잊지 못할 것입니다. 리더가 자신의 불편함을 감수하고 인내했을 때 구성원은 마음에서 우러나는 진정한 감사와 존경을 하게 되는 것이죠.

가장 기억에 남는 리더가 누구인가?

리더십 교육 시간에 '가장 기억에 남는 리더는 누구인가요?'라고 질문하면 교육생들의 대답은 한결같습니다.

"책임지고 희생하는 리더가 가장 기억에 남습니다."

다음은 교육생이 발표한 사례입니다.

어느 군단에서 박격포 사격 간에 있던 일입니다. 통제된 사격 시간은 종료되었는데 아직도 박격포탄이 20발이나 남았습니다. 현장에서 사격 통제를 하던 여단 작전과장 A 소령은 여단장 승인을 받고 남은 탄도 사격하라고 지시했습니다. 펑! 펑! 소리와 함께 박격포탄이 날아가다가 한 발이 목표 지점을 지나쳐 100m가량 더 날아갔습니다. 그런데 박격포탄 파편 불꽃이 튀기면서 바싹 마른 나뭇잎과 수풀 사이로 불길이 번져갔습니다. 설상가상으로 바람이 강하게 불어서 산불은 걷잡을 수 없이 번져나갔습니다. 병사들은 사격을 멈추고 등짐 펌프를 짊어지고 진화 작업을 시작했습니다. 그러나 불길은 계속 커졌습니다. 소방차 2대와 산불 진화 헬기 3대가 투입되고 나서야 겨우 진압이 되었습니다.

상급 부대 참모들은 노발대발했습니다. 사격 시간도 안 지키고 산불까지 난 상황이니까요. 사격을 통제한 여단장과 작전과장 A 소령이 모든 책임을 져야 하는 상황이 되고 말았습니다. 이런 위기의 순간에 사단장이 전면에 나섰습니다.

"이번 사격은 내가 시켰다. 모든 책임은 내가 지겠다. 부하들에게 책임을 묻지 마라."

사단장이 전면에 나서서 책임지겠다고 하니 상급 부대 참모들도 더 이상 문제 삼지 않았습니다. 누구나 이런 리더를 존경하고 따르지 않을까요?

D 중사 사례도 있습니다. 부소대장 D 중사는 소대원들과 함께 유격 훈련에 참여했습니다. 유격 훈련 내내 바람도 불지 않고 폭염이 계속되었습니다. 병사들 전투복은 땀으로 범벅이 되고, 숨쉬기도 힘들어할 정도였습니다. 병사들의 몸과 마음이 지쳐갔습니다. 이런 상태에서 40km 완전군장 행군이 시작됐습니다. 4시간이 지나면서 폭염과 땡볕 더위, 군장 무게를 견디지 못한 병사들이 길바닥에 주저앉기 시작했습니다. 탈진 상태에서 호흡곤란 증상까지 나타난 병사들은 구급차로 후송되었습니다.

"더 이상 행군을 못 하겠습니다."

김 일병이 길가에 털썩 주저앉아 울먹이면서 말했습니다. 김 일병은 평소에도 체력이 약해서 유격 훈련 전부터 행군을 많이 부담스러워했습니다. 부소대장 D 중사는 김 일병이 이번 행군을 통해 인내심을 기르고 스스로 성장할 수 있다는 자신감도 주고 싶었습니다.

D 중사는 김 일병에게 "앞으로 3시간만 더 가면 된다. 조금만 힘을 내서 해 보자"라고 말했습니다. 그 말을 듣고도 김 일병은 고개를 푹 숙이고 아무 말도 안 했습니다. 이대로는 안 되겠다고 생각한 D 중사는 김 일병의 군장을 앞으로 돌려 멨습니다. 본인 군장을 등뒤에 멘 상태에서 김 일병 군장까지 앞으로 돌려 메니 두 다리가 순간 휘청거렸습니다.

그 모습을 보고 김 일병이 다시 일어섰습니다. 계속 걸어가는데 군장 2개의 무게가 D 중사 양쪽 어깨와 두 다리를 계속 압박했습니다. D 중사는 이를 악물고 끝까지 걸었습니다. 부대에 도착하자마자 김 일병이 D 중사에게 말했습니다.

"부소대장님이 도와주셔서 행군을 완주할 수 있었습니다. 앞으로 어떤 일이든 쉽게 포기하지 않고 끝까지 해 보겠습니다."

김 일병의 말을 듣는 순간 D 중사는 온갖 피곤이 싹 가시고 마음속에는 말 못 할 뿌듯함이 밀려왔습니다.

D 중사처럼 말이 아닌 행동으로 자기희생을 감수하는 리더, 그들이 미치는 영향력은 구성원의 마음속에 소리 없이 번져갑니다. 우리 군에는 아직도 D 중사처럼 훌륭한 리더가 많습니다. 정말 멋지지 않나요?

'욕망'과 '권태' 사이에서 유혹받고 흔들리는 리더

쇼펜하우어Arthur Schopenhaur는 "인생은 욕망과 권태 사이를 오가는 시계추와 같다"라고 말했습니다.

저도 리더 역할을 하면서 인정받고 싶은 욕망과 좀 더 편해지고 싶은 마음 사이에서 갈등했던 순간들이 참 많았습니다. 리더인 제가 이러는데 부하들은 오죽했을까요? 분명한 것은 리더가 희생하지 않으면 부하들도 자발적으로 희생하지 않는다는 점입니다.

특히, 평상시도 아닌 전쟁터에서 리더가 전부를 걸지 않는데 하나뿐인 목숨을 희생해서 적진에 뛰어드는 부하들이 있을까요?

그런 점에서 영화 〈위 워 솔저스We Were Soldiers〉의 할 무어 중령(멜 깁슨 Mel Gibson)의 이야기는 언제 들어도 감동입니다. 하나뿐인 생명의 위협을 받는 전투에 투입되는 부하들의 심리는 극도로 불안했습니다. 이런 상황에서 할 무어 중령은 "내가 가장 먼저 적진에 발을 디딜 것이고First in 철수할 때는 맨 마지막으로 나올 것이다Last out"라고 했습니다. 할 무어 중령의 진정성 있는 말과 행동이 흔들리는 부하들의 마음을 잡았습니다.

그는 더 나아가 "우리 부대에는 일본인, 중국인, 흑인, 유대인까지 섞여 있다. 이들은 모두 미국인이다. 너희들과 나는 평등하다"라고 말했습니다. 그 말을 들은 부하들의 마음은 어땠을까요? 어떤 상황에서도 저 사람과 생生과 사死를 함께하겠다는 마음이 끓어올랐을 것입니다.[19]

'쇠는 불에 넣어봐야 알고 사람은 이익을 두고 어떤 행동을 하는지 살펴보면 안다'는 말이 있습니다. 평상시는 안 그러는데 어떤 힘든 상황이 눈앞에 놓이면 부하들의 마음은 잠시 흔들리다가 자신들이 편한 쪽으로 기울어지기 마련입니다. 인간의 본성인 거죠. 이러한 인간의 본성 앞에서 유혹에 흔들리는 부하들의 마음을 어떻게 잡을 수 있을까요?

리더가 누릴 수 있는 권한과 혜택을 과감하게 포기하고, 책임지고 희생할 때 가능합니다. 리더의 책임과 희생을 보면서 부하들은 편한 쪽으로 기울어지는 마음을 다시 일으켜 세울 것입니다. 리더의 책임과 희생, 물론 쉽지 않은 일이죠. 리더 자신도 책임과 희생을 회피하고 싶은 본능적인 유혹으로 흔들리는 존재이기 때문입니다. 그래서 리더의 삶은 늘

외롭고 고독하고 힘겨울 때가 많습니다. 오죽했으면 '지휘관은 바닷가 절벽에 외로이 홀로 서 있는 해송海松과 같은 존재다'라고 했을까요. 리더의 길을 가는 사람에게 책임과 희생은 숙명같이 느껴지기도 합니다. 하지만 오롯이 리더가 감당해야 할 몫이라고 생각합니다. '생선은 머리부터 썩는다'는 말을 들어보셨죠? 리더가 책임과 희생을 회피하면, 그 순간부터 그 조직은 와해하기 시작할 것입니다. 자기 이익과 안일함을 추구하는 인간의 본성 앞에서 지금 당신의 마음은 무엇으로 유혹받고 흔들리고 있나요?

06
리더십이 가장 빛나는 순간

"리더십이 가장 빛나는 순간은 언제 일까요?"

4가지 리더십 유형

코칭 전문가 고현숙은 그의 책『결정적 순간의 리더십』에서 '리더가 구성원을 얼마나 지지해 주는가? 리더가 얼마나 도전적인 업무를 부여하는가?'를 기준으로 리더십 유형을 4가지로 분류했습니다.[20]

첫째는, 부하들을 지지해 주지도 않고, 도전적인 업무도 부여하지 않는 유형입니다. 한마디로 서로 관심이 없고 관찰만 하는 수준입니다.

둘째는, 부대원을 최대한으로 지지해 주는데 도전적인 업무를 부여하

지 않는 유형입니다. 분위기만 좋고 어려운 업무는 하지 않는 거죠. 인기에 영합한 부대 지휘라고도 할 수 있습니다.

셋째는, 부대원을 지지하지 않으면서 도전적인 업무만 부여하는 유형입니다. 이렇게 되면 부대원들은 두려워하고 매일 긴장 속에 살게 됩니다.

넷째는, 부대원을 최대한 지지해 주면서 강력하게 도전적인 업무도 부여하는 유형입니다. 다소 힘들고 어려움을 느끼는 이 상태에서도 리더의 리더십은 점점 완성되어 갑니다. 단순히 잘해 주는 것이 리더의 역할이 아닙니다. 힘들고 어려운 임무를 부하들과 함께 완수해내기 위해서 잘해 주는 것입니다. 최선을 다해 부하들을 지지해 주세요. 거기서 머무르지 말고 도전적인 업무까지 부여해야 부하들이 성취감을 느끼고 성장하게 됩니다.

지금 당신의 리더십은 위에 4가지 유형 중에 어느 수준에 머무르고 있나요?

불편한 진실

한 언론에서 일선 대대장의 고충에 대해서 보도한 적이 있습니다.[21] 주요 내용은 다음과 같습니다.

대대장들은 여러 사건·사고, MZ세대 병사 관리, 부대 일에 지나칠 정도 간섭하는 부모 등 여러 가지 일로 고충이 많습니다. 특히 병사들 휴대전화 사용 이후 외부의 '민원성 협박'으로 인해 대대장들이 극심한 스트레스를 받고 있습니다.

대대장이 모든 책임을 지고 지휘, 교육, 훈련, 부대 관리, 급양 감독 등 일인다역을 할 수밖에 없는 실정입니다. 어떤 사건이 발생해서 감찰이나 조사 등을 받으면 부대 업무가 사실상 마비됩니다. 오죽했으면 "우리는 2년 임기 동안 사고가 나면 언제 보직 해임될지 모르는 집행유예 상황"이라고까지 말을 합니다. 실제 전임 대대장이 사고로 보직 해임돼서 대대장 부임 전에 받는 교육도 마치지 못한 채 임지로 나가는 경우도 있습니다. 한 일선의 대대장은 "민원과 문책이 두려워 제대로 된 훈련을 할 수도 없다"라고 했습니다.

대대장들의 말 못 할 고충을 낱낱이 이야기한 이 기사를 보고 저는 많은 공감을 했습니다. 제가 대대장 근무할 때보다 지금은 더 힘든 환경이라는 것을 실감했습니다. 지금도 많은 대대장은 사고 예방을 위해 부대 관리를 잘 해야 하고, 전투력 수준도 향상시켜야 한다는 부담감이 마음을 짓누를 것입니다. 저도 그랬습니다. 그래서 부대 관리도 잘하면서 전투력 수준도 끌어올린 모범적인 사례를 발굴하려고 대대장들을 인터뷰하면서 현장의 목소리를 들었습니다.

노력은 배신하지 않는다

똑같은 상황에서 정반대의 결과를 초래한 리더십 발휘 사례가 있었습니다.

A 대대와 B 대대가 3개월 후에 전술 훈련 평가를 앞두고 있었습니다. 당시에 두 대대의 상황은 거의 비슷했습니다. 코로나가 극성이었고, 부대원의 30%가 이등병, 대대원들 대다수가 체력이 저조하고 평가에 대한 부담까지 호소하고 있었습니다. 게다가 혹서기에 장마까지 겹쳤습니다.

이런 상황에서 3개월 후에 평가를 받았는데, A 대대는 최우수 평가를 받았고, B 대대는 불합격했습니다. 똑같은 상황인데 왜 이런 결과가 나왔을까요?

 A 대대장은 평소 대대원들과 공감하고 소통하며 신뢰 관계가 형성되어 있었습니다. 3개월 후에 부대 평가를 앞두고, 대대원들에게 평가의 중요성을 강조하고, 단계별로 평가를 준비했습니다. 실제 훈련 상황에 맞게 비가 와도 훈련을 하고 군장 무게도 제대로 갖추게 했습니다. 허벅지 근육을 강화하려고 가끔 산악 행군도 했습니다. 물론 대대장도 함께했습니다. 각 훈련의 의미와 목적을 알려주고, 한 단계가 끝나면 성취감도 느끼게 해주었습니다. 결국, A 대대는 최우수 평가를 받았고, 부대원들은 힘든 평가를 통해 자신감을 얻고 부대 생활도 더 잘하게 되었습니다.

 B 대대장도 부대원들과 허물없이 지내면서 신뢰 관계를 형성하고 있었습니다. 하지만 평가를 3개월 앞둔 시점에서 대대의 열악한 현실태를 보면서 고민이 깊어졌습니다. 괜히 평가를 잘 받으려고 하다가 임기를 6개월 남겨두고 사고라도 나면 문책을 당할 수 있다는 생각이 들었습니다. 그래서 강도 높은 훈련을 피하고 형식적인 훈련을 했습니다. 군장 무게도 제대로 안 갖추고, 체력 단련도 연병장에서 편하게 했습니다. 비가 오면 실내 훈련을 했고, 야간 훈련도 10시 전에 종료시켰습니다. 부대 이동을 하는 평가 당일 아침부터 비가 왔습니다. 대대원들은 군장 무게가 힘들다고 할머니 산보 속도로 이동을 했습니다. 어깨가 아프다고 군장을 못 들겠다는 병사는 말할 것도 없고, 군장이 뒤로 처지는 병사들이 수두룩했습니다. 작전과장과 함께 지휘 차량을 타고 현장을 둘러본 대대장은 창피해서 숨고 싶은 마음이 들었습니다. 평가 후에 부대 분위기는 침울했습니다. 평가 전에는 분위기도 좋고 밝았는데 평가를 제대로 못 받고 나니 분위기가 침체되었습니다.

저는 이 두 사례를 보면서 리더가 어떤 생각을 하느냐가 정말 중요하다는 것을 깨달았습니다.

구성원의 성장과 성과는 그 조직을 맡은 리더의 역량에 달려있습니다. 당장 바꿀 수 없는 현실 앞에서 환경만 탓할 수는 없습니다. 저는 힘들고 어려운 환경을 극복하면서 부대 관리도 잘하고 전투력도 향상시키는 리더들을 보면서 한 줄기 희망을 보았습니다. 물론 창끝 부대에서 고생하는 대대장들의 처우 개선을 위한 노력은 앞으로도 계속 되어야 할 사항이라고 생각합니다.

'안전'이란 명분으로 너무 많은 '훈련'을 양보했다

제가 연대장으로 근무할 때 전술 훈련 평가를 며칠 앞두고 있던 어느 날이었습니다. 작전과장이 "연대장님, 이번 평가 때는 실제 상황처럼 묘사되도록 훈련 준비를 하겠습니다"라고 했습니다.

"어떻게 하려고?"

"4차선 도로에 실제로 검문소를 운용하겠습니다. 그리고 헬기를 요청해서 병력을 산 정상으로 이동시켜 헬기에서 로프를 타고 내려오는 훈련도 실제로 하겠습니다."

작전과장의 말을 듣고 평가를 잘 받으려는 마음이 느껴져서 고마웠습니다. 하지만 마음 한편에 '저렇게 하다가 사고라도 나면 어쩌려고. 지금까지 사고 없이 잘 해왔는데'라는 생각이 들었습니다. 결국 저는 작전과장과 몇 번의 토의 끝에 '그래, 한번 해 보자'라고 결심했습니다.

이번 평가 때 검문소 운용과 헬기에서 로프 타고 내려오는 훈련을 실제로 한다고 하니까 부대원들 얼굴에 긴장하는 기색이 역력했습니다. 차근차근 준비했습니다. 먼저 민원이 들어올 것을 대비해서 경찰서에 검문소 운용 관련 사항을 미리 통보해 주었습니다. 그리고 단계를 나누어서 검문소 운용 절차를 숙달시켰습니다. 훈련장에 있는 모형 헬기에서 로프를 타고 내려오는 훈련도 숙달했습니다. 부대원들 얼굴에는 긴장감이 돌았고, 저도 혹시 모를 사고 발생에 대한 부담감이 계속 마음속에 남아 있었습니다.

드디어 평가 당일이 되었습니다. 평가관들이 도착하여 훈련 상황을 부여했습니다. 먼저 검문소 운용부터 평가를 시작했습니다. 주임원사가 검문소를 운용 지점으로부터 2km 전방에서 차량 속도를 조절했고, 다른 부사관 1명은 400m 전방에서 차량을 통제해서 한쪽 차선으로만 이동하게 했습니다.

그 사이에 병력은 신속하게 도로로 이동해서 바리케이드 등 검문소 운용 물자들을 설치했습니다. 그리고 차량을 한 대씩 세우고 검문을 하기 시작했습니다.

2개 차선을 이용하다가 1개 차선만 이용하니 순식간에 차량이 2km 구간이나 정체되었습니다. 차량이 정체되자 운전자 한 사람이 창문을 열고 "지금 뭐 하는 거예요!" 하고 고함쳤습니다. 이때 주임원사가 달려가서 훈련 상황을 설명해줬습니다. 부대원들은 침착하게 절차대로 검문했습니다.

잠시 후 상공에서 요란한 헬기 소리가 났습니다. 이어서 헬기 2대가 착륙한 후에 대기 중이던 부대원들을 태우고 사전에 지정한 산 정상으로 이동했습니다. 헬기가 멈추고 문이 열리자 로프가 내려왔습니다. 상공에서 헬기가 흔들리니 로프도 좌우로 흔들흔들 움직였습니다. 곧이어 부대원들이 그 로프를 타고 내려오기 시작했습니다.

저는 혹시나 사고가 날까 봐 손에 땀을 쥐고 쳐다보고 있었습니다. 사전에 훈련한 대로 일사불란하게 움직이는 부대원들을 보니 마치 한 편의 영화를 보는 듯했습니다. 부대원들은 이상 없이 임무를 완수해 주었습니다. 부대원들에게 정말 고마웠습니다.

훈련 종료 후 부대원들은 자신감뿐만 아니라 사기도 올랐습니다. 훈련 소감 발표 시간에 저는 "그동안 안전이라는 명분으로 너무 많은 훈련을 양보했습니다"라고 말했습니다. 안전을 고려하면서도 충분히 강하게 훈련할 수 있었는데 그렇게 하지 못한 저 스스로에 대한 반성이었습니다.

당시의 훈련 평가 경험은 리더가 도전적인 업무를 부여하지 않으면 부대원들의 수준은 결코 향상될 수 없음을 피부로 체험한 좋은 계기가 되었습니다.

리더가 도전적인 임무 부여 없이 마냥 잘해 주기만 하는 것은 취미 활동 동호회처럼 분위기 좋은 조직을 만드는 것에 불과합니다. 리더가 부하들을 진심을 다해 지지하면서 도전적인 업무까지 부여할 때 당신의 리더십은 완성되어 갈 것입니다. 바로 그 순간이 당신의 리더십이 최고로 빛나는 순간이라는 것을 기억하세요.

1. 리더의 사각지대

·리더가 생각하는 대로 구성원은 생각하지 않는다.

2. 내 마음속에 키우는 두 마리 개

·편견과 선입견의 덫에 빠지지 않도록 심리 현상을 알자.

3. 리더가 실패하는 이유

·새로운 역할에 맞게 리더십 초점 전이가 필요하다.

4. 성공과 경험의 함정

·리더의 성공과 경험은 양날의 칼이다.

5. 리더가 흔들리면 부하도 흔들린다

·리더가 이익과 안일함을 포기할 때 부하들은 헌신한다.

6. 리더십이 가장 빛나는 순간

·진심을 다해 지지하고 도전적인 업무를 부여하라.

Stop
&
Think

Why 나는 어떤 리더로 기억될까?

What 나는 현재 직책에 맞는 리더십 발휘를 제대로 하고 있는가?

How 내가 생각하는 리더십과 구성원이 느끼는 리더십은 같은가?

감정이 풀리면 인생이 풀린다

01
낯선 나의 감정 탐색하기

"나는 내 감정을 어떻게 다루고 있는가?"

지금도 풀리지 않는 미스터리

리더십 교육 시간에 감정에 관한 이야기를 할 때마다 생각나는 사건⑦이 있습니다. 부대에서 지휘관과 참모들이 함께 점심 식사할 때 있었던 일입니다. 당시 지휘관으로 모셨던 분은 평소에도 과묵하고 말수가 적은 분이었죠. 그날도 식사하면서 별말씀이 없었습니다. 그런데 갑자기 식사 도중에 손으로 식탁을 '탁' 하고 내리쳤습니다. 참모들 시선이 일제히 집중되었습니다. 그분 표정이 울그락불그락 변하더니 갑자기 벌떡 일어나 나가버렸습니다. 분위기는 순식간에 얼어붙었습니다.

"왜 저러시는 거지?"

"식사 메뉴가 별로였나?"

하필 그날 점심 메뉴에 '묵사발'이 있었습니다. 참모 한 명이 그럴듯한 분석을 했습니다.

"최근에 우리 부대에 크고 작은 사고가 일어났는데 묵사발이 나오니까 기분이 나빠서 짜증이 나셨나. 하필 오늘 왜 묵사발이야, 메뉴가!"

둘러앉은 참모들끼리 별의별 추측을 다 했지만 끝내 답을 찾지 못했습니다. 5년이 지난 지금까지도 그 이유를 모르고 있습니다.

저는 30년 이상 군 생활을 하면서 감정에 대해서 제대로 배워본 적이 없습니다. 어렸을 때 부모님도 사내자식이 그만한 일로 울면 못 쓴다고 종종 말씀하셨습니다. 업무 성과를 중요시하는 직장에서도 "일할 때는 일만 해라. 감정이 뭐가 중요해"라며 감정은 통제되어야 할 대상으로 여깁니다. 그러다 보니 "그 사람은 감정적이야"라는 평판은 왠지 부정적인 느낌으로 들립니다. 오히려 감정을 내색하지 않고 업무에 몰입하는 사람을 능력 있는 사람으로 인정하는 경우가 많습니다.

이처럼 감정 표현을 장려하지 않는 가정과 사회 분위기 속에서는 감정을 자유롭게 느끼고 표현하는 능력은 당연히 떨어질 수밖에 없습니다.[1]

저도 웬만하면 참고 산 것 같습니다. 상급자 때문에 억울한 일이 있어도 제대로 표현하지 못하고 꾹 참을 때가 많았습니다. 부대원들에게 불만족스러운 일이 있어도 속 시원히 말을 꺼내지 못하고 끙끙댄 적도 많았습니다. 그러다가 어떤 상황이 되면 기분이 상해 심하게 화를 낸 적도 많았습니다. 제 감정을 다루고 제대로 표현해야 한다는 생각 자체를 인식하지 못했습니다. 제대로 배워본 적이 없기 때문입니다. 리더 역할을 잘하기 위해서는 감정에 대해서 배우고 알아야 한다는 것을 뒤늦게 알았습니다.

감정은 멀티플레이어Multi-player

감정 중에는 내적 에너지를 고갈시키는 감정이 있고, 재충전해 주는 감정이 있습니다. 예를 들어 짜증, 분노, 공포, 초조함과 같은 감정은 심장을 불규칙하게 뛰게 하면서 심신의 에너지를 빨리 고갈시킵니다. 반대로 즐거움, 배려, 감사 같은 긍정적인 감정을 느낄 때는 심장이 고른 패턴으로 뛰면서 심신의 에너지가 충전됩니다.[2] 감정은 한번 생기면 지속해서 영향을 미칩니다.

예를 들어 아침 식사를 하면서 아내와 말다툼을 했다고 합시다. 화가 풀리지 않은 채로 운전을 하면 평소보다 공격적으로 운전을 할 수 있습니다. 회사에 출근해서도 잘못된 결정을 내릴 수 있지요. 감정은 결정에도 영향을 미칩니다. 행복했던 기억을 떠올리면 자신감을 가지고 결정을 내리지만, 불행했던 기억에 매몰되면 회의적인 감상에 젖어 결정을 내릴 수도 있습니다.[3]

이처럼 감정은 우리가 생각하는 데 큰 영향을 미칩니다. 마음이 불편할 때는 집중력이 떨어지고, 마음이 편해지면 어떤 상황이 명확하게 해석되기도 합니다. 화가 나거나 걱정스럽거나 초조하면 책을 읽어도 학습 효과는 떨어집니다. 감정은 기억에도 영향을 미칩니다. 일주일 전에 아침 식사로 뭘 먹었는지 기억이 나는지요? 잘 안 날 것입니다. 그러나 육군훈련소에서 처음 먹은 아침 식사는 30년이 지나도 또렷하게 생각날 수 있습니다. 왜 그럴까요? 평범한 날에 먹는 아침 식사와 입대해서 수많은 감정이 교차하는 가운데 먹은 첫 식사는 다르기 때문입니다.

또 감정은 판단에도 영향을 미칩니다. 예를 들어 우리나라가 월드컵 경기를 할 때 상대 팀 축구 선수가 벌칙을 받으면 심판이 오판해도 우리는 좋아합니다. 반대로 우리 팀이 벌칙을 받으면 심판이 공정하게 판정해도 반발심이 들지요. 이처럼 누가 봐도 이성적으로는 옳지 않은데도 감정에 휩싸여 반응하는 경우가 많다는 것을 알 수 있습니다.[4]

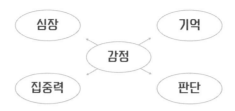

감정은 바이러스처럼 전염된다

예일대학의 니콜라스 크리스타키스Nicholas Christakis 박사가 사람 사이의 관계와 행복에 대해 발표한 연구 결과에 따르면, 행복을 잘 느끼는 친구 옆에 있으면 자신도 행복해질 가능성이 15%나 증가했습니다. 그 상태에서 친구의 친구가 행복한 사람이면 행복해질 가능성이 추가로 10% 더 증가했습니다.

이처럼 리더의 감정도 바이러스처럼 조직 내에 전염됩니다. 아침 회의 시간에 지휘관의 한마디 말과 기분은 부대원의 감정에 그대로 전염이 되죠. 특히 지휘관이 인상을 쓰고 짜증을 내면 부정적인 감정이 부하들에게 그대로 전염되어 아침부터 부대 분위기가 무거워집니다. 지휘관이 한번 웃어주고 칭찬하면 아침부터 행복한 기운이 퍼져나가지요. 저도 보고하거나 결재받으러 갈 때 행정실 간부들에게 오늘 사단장님 기분 어떠시냐고 항상 물었던 기억이 남습니다.

생각해 보면 보고나 결재 내용이 본질인데도 상관의 기분을 먼저 살필 수밖에 없습니다. 이처럼 리더의 기분이 부하들의 태도와 조직 분위기에 큰 영향을 미치고 있는 거죠. 그래서 리더는 감정을 다루고 표현하는 방법을 배워야 합니다.

감정 표현 3가지 유형

사람들에게는 저마다의 '감정 서랍'이 있습니다. 과거에 어떤 상황에 대한 기억은 흐릿할지라도, 그때 느낀 감정은 뇌 속 어딘가에 저장되어있습니다. 물론 지금 느끼고 있는 감정도 계속 뇌 어딘가에 저장되고 있을 것입니다. 감정의 서랍은 냉장고와 달라서 여닫는 횟수가 많을수록 풍성해집니다. 문제는 감정 서랍에 차곡차곡 쌓여 있는 이 감정을 언제, 어떻게 적절하게 표현하느냐가 관건입니다.[5] 다음 사례를 보면서 나는 어떤 감정 표현 유형인가 알아봅시다.

오늘은 사단에서 A 대대 경계 근무 실태를 점검 나오는 날입니다. 대대장 A 중령은 간부들에게 사단에서 점검 나오는 날이니 근무자들은 졸지 말고 제대로 근무를 서라고 여러 번 강조하고 답변 요령도 구체적으로 교육했습니다. 새벽 2시에 점검관들이 도착했습니다. 위병소 근무자는 졸고 있었고, 당직 사령 김 중위는 부대 현황 파악을 못 해 점검관들 질문에 답변을 못 했습니다. A 중령은 화가 머리끝까지 났습니다. 전 간부들을 집합시켰습니다. 이런 상황에서 당신이 A 중령이라면 어떻게 감정 표현을 할 수 있을까요? 3가지 유형—폭포수형, 호수형, 수도꼭지형—이 있습니다.

폭포수형   호수형   수도꼭지형

첫째, 폭포수형입니다. 폭포수형은 감정을 마음에 담지 못하고 해소될 때까지 폭포수처럼 쏟아내는 유형입니다.

"(눈을 부라리고 이마를 찡그리면서)도대체 뭐 하는 거야! 경계 근무 제대로 서라고 내가 어제 몇 번을 교육했나? 나사가 풀려도 한참 풀렸구먼. 이런 썩어빠진 정신 상태로 근무해서 뭐가 되겠나? 앞으로 조금이라도 빈틈 보이는 간부나 병사들 있으면 내가 규정대로 처벌할 것이다."

위에 말을 자세히 보면 감정을 표현하는 단어가 없습니다. 윽박지르고 무조건 상대를 탓하는 말뿐입니다. 하고 싶은 말을 다 쏟아내니 자신의 속은 후련해지는데 부대원들은 마음의 상처를 받습니다.

두 번째는 호수형입니다. 호수의 물처럼 잔잔하게 감정을 드러내지 않고 말하는 유형입니다. 호수형은 웬만해선 감정 표현이 없습니다. '내가 참고 말지, 말해서 뭐해!'라고 감정을 억누르는 스타일입니다.

"(표정은 밝지 않고 무거운 분위기에서 낮은 목소리로)앞으로 제대로 근무하고 이런 일이 없도록 해라."

그런데 가만히 살펴보면 이 말에도 감정을 표현하는 단어가 없습니다. 그래서 부하들은 '대대장이 오늘도 참고 넘어가는구나'라고 생각합니다. 참을성 있고 속 깊은 사람처럼 보이지만 고여 있는 물은 결국엔 썩듯이, 장시간 감정을 그대로 묻어두면 차고 넘쳐 폭발합니다. '호수형' 상급자를 만나면 속마음을 꺼내지 않으니 부대원들이 답답해할 수 있습니다. '아니, 좋으면 좋다. 싫으면 싫다고 말을 해야지, 도대체 무슨 생각을 하는 건지 모르겠네'라고 말이죠.

마지막으로 수도꼭지형입니다. 물의 양을 수도꼭지로 조절할 수 있는 것처럼 감정도 적절하게 조절하는 유형입니다.

"(차분하고 침착한 어조로 또박또박)대대장이 여러 번 강조하고 교육했는데도 지적을 받으니 실망스럽고 속이 상한다. 한편으로는 무시당하는 것처럼 느껴진다. 다시는 이런 일이 생기지 않도록 노력하자."

위 말에는 폭포수형, 호수형과는 다르게 실망, 속상함 등 감정을 표현하는 단어가 3개나 있습니다. 대대장이 감정을 표현하니 부대원들은 대대장의 현재 마음이 어떻다는 것을 알고 자신들의 잘못을 뉘우칠 수 있습니다. 즉, 리더 입장에서도 감정을 정확하게 표현하니 "규정대로 처벌할 것이다"라고 말했을 때보다 반발감은 더 적게 들게 하면서도 메시지는 더 강하게 전달됩니다.

수도꼭지형은 감정이 필요할 때 원하는 만큼 조절해서 사용합니다. 사용하지 않을 때는 흐르지 않게 잠가두었다가 해결해야 할 감정이 있으면 상황에 맞게 전략적으로 사용합니다.

폭포수형, 호수형, 수도꼭지형, 이 세 가지 중 당신은 어떤 유형입니까? 우리나라 사람들은 통계적으로 호수형이 많다고 합니다. 대체로 감정을 참고 인내하며 억누르며 살아가는 거죠. 호수형으로 참으며 살다가 폭포수형으로 자기감정이 폭발하는 사람들도 많습니다. 이럴 땐 최악이죠. 평소 조용하던 사람이 욱하는 감정이 폭발해 화를 내면 정말 무섭습니다. 폭포수형은 감정을 절제하는 힘을 길러야 하고, 호수형은 감정을 수도꼭지형처럼 표현하는 연습을 해야 합니다.[6]

02
내 감정의 이름은 뿌듯함입니다

"가짜 감정과 진짜 감정을 어떻게 구분할까요?"

가짜 감정에 속아 낭패를 당한 경험

가짜 감정에 속아 낭패를 당한 경험이 있습니다. 제가 부서장을 할 때였습니다. A 간부는 집중하면 일을 잘하는데 게으른 게 흠이었습니다. 저는 A 간부가 성장해서 군 발전에 큰 역할을 하는 인재가 되길 원했습니다. A 간부에게 미리미리 업무를 하라고 몇 번이나 주의를 줬는데도 제 말을 건성으로 듣고 노력하는 기미가 안 보였습니다. 한번은 목요일 오전까지 보고서 초안을 검토받으라고 지시했는데 오후가 되어도 오지 않았습니다. 순간 저는 짜증과 분노가 머리끝까지 치밀어 올라왔습니다. 급기야 참지 못하고 고함을 쳤습니다.

"야! 너 왜 보고서 안 가지고 오는 거야! 내가 분명히 오늘 오전까지 검토받으라고 했지! 도대체 너는 일하는 게 왜 그 모양이야!"

매섭게 눈을 부라리면서 야단을 쳤습니다. 험악한 표정을 하고 고함치는 저를 보며 A 간부는 당황하며 안절부절못하였습니다. 저는 화가 나서 "네가 알아서 해! 도대체 무슨 생각으로 근무하는 거야!"라고 고함치고 사무실 밖으로 나와버렸습니다. 벤치에 앉아 있는데 화가 가라앉지 않아 마음이 몹시 불편했습니다. 그날 사건(?)은 저와 A 간부 마음속 깊은 곳에 남아 있을 것입니다. 저는 무엇이 문제였을까요?

가짜 감정과 진짜 감정 구별하기

당시에 저는 가짜 감정과 진짜 감정을 구분하지 못했습니다. 감정을 연구하면서 그 당시 A 간부를 떠올리며 제 감정을 분석해 보았습니다. '내가 알아차리지 못한 나의 진짜 감정은 무엇이었을까?' '내가 A 간부에게 하고 싶었던 진정성 있는 말은 무엇이었을까?' 곰곰이 생각해 보니 저는 재능있는 A 간부가 업무 능력을 인정받아 진급해서 군 발전에 기여하는 인재가 되길 바라고 있었습니다. 그런데 그 기대가 무너지니 화가 났던 겁니다. 그러니까 그 당시 제가 첫 번째로 느꼈던 감정은 '실망감'이었습니다.

두 번째로 느낀 감정은 제가 지시한 시간에 보고서 검토를 받지 않은 A 간부에 대한 '서운함'이었습니다. 실망감과 서운함이 '화'로 둔갑해 버린 것입니다. 실망은 '화'와 다른 감정입니다. 만약에 제가 실망이라는 진짜 감정을 정확하게 인식했더라면 다음처럼 말했을 것입니다.

"나는 네가 제대로 업무를 해서 인정도 받고 진급도 해서 군 발전에 더 크게 기여하는 간부가 되길 기대했다. 그런데 이번에 또 시간을 안 지키니 정말 실망했다. 앞으로 제대로 하면 좋겠다. 너는 충분히 재능이 있는데 왜 그런 행동을 반복하니?"

그런데 제가 진짜 감정인 '실망감'을 놓치고 가짜 감정인 '화'에 집중하니 걷잡을 수 없이 분노를 표출한 것입니다.

사람들은 무언가를 얻으려고 감정을 표현합니다. 하지만 진짜 감정과 가짜 감정을 구분하지 못하면 대화가 전혀 다른 방향으로 흘러가 버립니다.[7] 진짜 감정을 찾는 것이 중요한 이유는 그 안에 말하고 싶은 본질이 있기 때문입니다. 감정은 늘 우리에게 무엇인가를 알려주려고 하는데, 감정의 이면을 잘 살펴봐야 합니다. 그 이면에는 진짜 하고 싶은 말, 욕구 불만, 이루고 싶은 목표가 숨겨져 있기 때문입니다. 진정성 있는 원래 마음과 전혀 다른 말을 안 하려면 무리 지어 느껴지는 복잡한 감정 속에서 '진짜 감정'을 찾는 노력이 필요합니다.[8] 가짜 감정에 속지 않기 위해서는 3가지 연습이 필요합니다. 하나씩 알아보겠습니다.

1. 감정을 이해하기 위해 질문하기

평상시 '지금 기분이 어때?'라고 스스로 묻는 것만으로도 자신과의 대화가 될 수 있습니다. 예를 들어 새로 부임한 부서장과 심한 의견 충돌이 생겼다고 가정해봅시다. 자신이 그동안 노력한 업무 실적을 인정하지 않고 전혀 다른 방향으로 업무를 추진하라고 합니다. 그 일로 종일 기분이 좋지 않습니다. 이때 다음과 같은 방식으로 질문해 보는 겁니다.

질문하는 나: 지금 기분이 어때?

대답하는 나: 기분 나쁘지.

질문하는 나: 기분이 나쁜 이유는?

대답하는 나: 나를 인정 안 해 주는 것 같아.

질문하는 나: 그래서 기분이 어때?

대답하는 나: 화도 나고 억울해.

질문하는 나: 무엇 때문에 억울한 거야?

대답하는 나: 그동안 고생해서 추진한 업무들이 사라질까 봐 걱정되고 억울해.

자신과 이런 대화를 하다 보면 자신이 어떤 감정을 느끼는지, 뭘 중요하게 생각하는지 점점 명확하게 알아가게 됩니다. 물론 이런 대화를 하려면 자신에게 집중하는 혼자만의 시간이 필요합니다. '오늘은 날씨가 어떨까?'라고 가볍게 묻듯, 자기 기분을 물으면서 연습을 해 보면 좋습니다.

예컨대 '요즘 왜 이렇게 짜증이 나지?'라는 생각이 들 때가 있다고 해 봅시다. 이 상태에서 모호한 채로 그냥 넘어가 버리면 하루 종일 부정적인 감정에 휩싸일 수 있습니다. 이때 스스로 물어보세요. '왜 내가 짜증이 났을까? 무슨 일 때문에 짜증이 계속나지?'라고 말입니다. 그러면 그 감정을 유발한 수치스러운 일이나 억울한 일, 자괴감이 든 일이 떠오를 수도 있습니다. 이처럼 자신의 감정을 이해하기 위해서는 계속 질문을 해봐야 합니다. 자신에게 어떤 감정이 생겼을 때 다음과 같은 질문하고 스스로 답해 보세요.

・지금 이것은 어떤 감정일까?

・방금 무슨 일이 일어났는가? 이 일이 벌어지기 전에 나는 뭘 하고 있

었는가?

　　·이 감정이 내게 말하는 것은 무엇인가?

　　·오늘 아침이나 어젯밤에 이 상황과 관련된 일이 있었는가?

　　·이전에 이 사람과 관련된 무슨 일이 있었나?

이런 질문을 던지면 자신에게 어떤 감정이 일어났을 때 그 감정 상태에 매몰되지 않게 됩니다. 대신에 감정 자체, 즉 원인과 본질을 주시하게 됩니다. 그러면 '내가 지금 이렇게 느끼고 있구나!'라고 스스로 알아차리고 감정과 거리 두기가 가능해집니다. 자기 기분을 자주 물어보고 기분이 어떤지 알수록 자신을 더 소중하게 대하게 될 것입니다.

2. 감정에 이름 붙이기

"오늘 아침 제가 느끼는 이 감정의 이름은 바로 뿌듯함입니다."

드라마 〈이상한 변호사 우영우〉에서 나온 마지막 대사입니다. 자폐 스펙트럼 장애의 주인공이 정규직으로 재계약하고 출근할 때 얼마나 기분이 좋았을까요? 막연히 '기분이 좋다'라고 표현하지 않고 자신이 느낀 감정을 '뿌듯함'이라고 이름을 붙여서 표현하는 것을 보고 참 인상 깊었습니다.

감정에 이름을 붙여주지 않으면 그것은 '감정 덩어리'에 불과합니다. 그런데 이름을 붙여주면 감정 덩어리가 그 정체를 서서히 드러냅니다. 정체를 알게 되면 '너 화난 거였어? 너 서운한 거였어? 너 지금 억울한 거구나' 하며 그 감정을 다룰 수 있다는 자신감이 생깁니다.

신경 과학과 뇌 영상 연구에 따르면 '이름을 붙이는 것 자체가 감정 조절의 한 방법'이라고 합니다.[9] 매튜 리버만Matthew Lieber-man이 이끄는 UCLA 연구팀은 감정 표현 어휘를 쓰면 실제로 고통이 줄어든다는 사실을 실험으로 확인했습니다.[10] 연구팀은 피실험자들에게 부정적인 감정을 표현한 사진을 보여주면서, A 그룹은 그 표정에 감정 이름을 붙이게 하고, B 그룹은 감정 이름은 붙이지 않고 사진만 보게 했습니다. 결과는 어땠을까요? 감정에 이름을 붙인 A 그룹이 B 그룹보다 정신적 고통을 덜 느꼈습니다.

연구팀은 "감정에 이름을 붙이면 부정적인 감정을 느낄 때 활성화되는 뇌 속 편도체 활동이 감소하고, 감정을 조절하는 우측 복외측 전전두 피질이 눈에 띄게 활성화된다"라는 것도 밝혀냈습니다.

정신과 의사들도 환자의 감정에 집중하기 위해서 그 감정에 적절한 이름을 붙인 다음 검사지에 기록해 둔다고 합니다. 이처럼 일상생활에서도 감정에 이름을 붙이는 것만으로도 감정 조절 효과가 있습니다. 화가 치밀어 올랐을 때 '지금 내가 화가 났구나!'라고 이름을 붙이면, 그 순간 화가 조금 가라앉는 것을 경험할 수 있습니다.[11]

감정에 이름을 붙이기 전에는 모호한 감정이 미로를 떠돌게 됩니다. 그런데 감정에 이름을 붙이면 그 감정이 명확해지면서 미로 밖으로 나오게 되는 효과를 얻는 것이지요.

감정이 하나가 아니라 복합적으로 한꺼번에 오는 경우는 어떻게 해야 할까요? 그때는 각각의 감정에 이름을 불러주면서 그중에 어떤 것이 핵심 감정인지 살펴봐야 합니다.

예를 들어 보죠. 어느 부서장은 C 간부가 자주 회의 시간에 늦어 마음에 거슬립니다. 확실하게 '왜 또 늦었냐?'라고 말은 안 했으나 C 간부 때문에 종일 기분이 나쁩니다. 이때 괘씸하다, 화가 난다, 짜증 난다, 불쾌하다 등 여러 감정이 떠오를 것입니다. 그중에 자신의 마음을 가장 잘 표현하는 핵심 감정 하나를 '괘씸하다'로 골랐습니다. 이처럼 감정에 이름을 붙이면 그 감정에 어떻게 대처해야 할지 생각할 수 있습니다. 요즘 혹시 여러 가지 복잡한 일들로 인해 기분이 언짢거나 마음이 불편한가요? 가장 강하게 느껴지는 그 감정에 이름을 붙여보세요. 훨씬 객관적으로 감정을 다룰 수 있을 것입니다.

3. 감정이 생긴 원인 파악하기

위에서 부서장이 회의 시간에 자주 늦은 C 간부를 보고 핵심 감정을 '괘씸하다'로 골랐잖아요? 그럼 이제 그 '괘씸하다'는 감정이 생긴 원인을 곰곰이 생각해 보세요. '내가 몇 번 주의를 주었는데도 개선을 안 한다. 나를 우습게 여기는 걸까? 시간 개념이 없는 걸까?' 등 여러 가지 생각을 할 수 있을 것입니다.

이런 과정을 통해 자신도 모르게 다소 비합리적이거나 오해의 소지가 있는 부분을 고칠 수 있습니다. 예를 들어 'C 간부가 오늘은 특별한 사정이 있어서 늦었을 수도 있다. 그런데 내가 원인도 안 물어보고 너무 나쁘게만 생각한 것은 아닐까?'라고 생각할 수 있는 거죠. 그러면 똑같은 상황에서도 부서장은 C 간부에게 이렇게 말할 수 있습니다.

"오늘 늦었는데 무슨 일이 있었나?"

똑같은 상황에서도 훨씬 말이 부드럽지 않나요?

가짜 감정에 속지 않도록 3가지 연습─감정을 이해하기 위해 질문하기. 감정에 이름 붙이기. 감정이 생긴 원인 파악하기─을 꾸준히 해 보세요. 점점 감정을 다루는 데 익숙해지는 자신을 발견할 수 있을 것입니다.

03
감정을 다루는 3단계 공식

"어떻게 하면 감정을 제대로 인식하고 표현을 잘할 수 있을까요?"

너는 봄날의 햇살 같아

드라마 〈이상한 변호사 우영우〉에서 우영우는 동료 변호사 최수연에게 이렇게 말합니다.

"너는 봄날의 햇살 같아. 로스쿨 다닐 때부터 그렇게 생각했어. 너는 나한테 강의실 위치와 휴강 정보와 바뀐 시험 범위를 알려주고, 동기들이 날 놀리거나 속이거나 따돌리지 못하게 하려고 노력해. 지금도 너는 내 물병을 열어주고, 다음에 구내식당에 또 김밥이 나오면 나한테 알려주겠다고 해. 너는 밝고 따뜻하고 착하고 다정한 사람이야. 봄날의 햇살 최수연이야."

이 말을 들은 최수연의 기분은 어땠을까요? 자기의 마음을 알아주니 고맙고 가슴 뭉클하고 기분도 좋아졌을 것입니다. 이처럼 서로의 감정을 이해하고 정확한 언어로 표현하는 것은 우리 모두가 진정으로 행복하게 살수 있는 지름길입니다.

에어컨을 사든, 선풍기를 사든 '사용 설명서'가 따라옵니다. 알다가도 모를 감정을 느끼고 표현하는 데도 '사용 설명서'가 있다면 좋지 않을까요?

그래서 제 경험과 전문 서적들을 참고해서 감정을 다루는 3단계 공식을 만들었습니다. 1단계는 신호 감지하기Signal Detection, 2단계는 인식하기 Recognition, 3단계는 표현하기Expression입니다.

감정 표현 3단계

1단계: 신호 감지하기Signal Detection

다양한 감정이 우리 몸과 마음에 보내는 신호를 제대로 감지하는 것이 1단계 '신호 감지하기'입니다. 감정은 우리에게 두 가지 경로로 신호를 보냅니다.

첫째, 몸을 통해 느끼는 신호입니다. 어떤 자극이 주어지면 뇌가 알아채기 전에 몸이 먼저 신호를 보냅니다. 때로는 미세하게 때로는 강렬하게 신호를 보냅니다. 얼굴이 화끈거린다, 심장이 두근두근 뛴다, 혈압이 올라간다, 입술에 경련이 일어난다, 속이 쓰리다 등의 반응들입니다. 우리 몸은 신체적 기능을 담당하면서 감정의 신호들을 전달하는 도구라고 볼 수 있습니다. 그러니 자신의 신체에서 어떤 신호가 올 때는 몸이 느끼는 감각과 그것에 따른 내 감정에도 집중해야 합니다. 워낙 분주하게 살다 보면 몸이 보내는 신호에 예민하지 못한 경우가 많은데, 몸이 막혀있으면 진짜 감정이 주는 신호를 포착하기가 어렵습니다.[12]

명상이나 산책 등을 통해 몸이 보내는 신호에 귀를 기울이는 노력을 시도해 보는 것도 좋습니다.

둘째, 정신적인 신호입니다. 이 신호는 예민하게 신경을 써야 파악됩니다. 예를 들어 '누군가가 내 심기를 건드린다' 이런 느낌을 예민하게 포착해야 합니다. 표정과 목소리 톤으로 상대의 감정을 어느 정도 눈치챌 수도 있습니다.[13] 두려움을 느끼면 다른 사람 뒤로 숨기도 합니다. 이런 사람은 자리에 앉을 때도 타인의 눈에 잘 띄지 않는 곳을 선호합니다.

2단계: 인식하기Recognition

감정의 신호를 감지한 후에 '메타 인지Metacognition'를 활용해서 '내가 왜 이 감정을 느끼는 걸까?' 하고 그 감정의 원인과 정체를 찾는 것이 2단계 '인식하기'입니다.

'메타 인지'란 쉽게 말해 '내가 어떤 상태에 있다'라는 것을 객관적으로 알아차리는 것입니다. 즉, 한 차원 높은 시각에서 객관적으로 자기감정을 바라보는 것이지요. 이 과정을 통해 감정을 살피고, 왜 그런 감정이 들었는지 원인이나 이유를 알아차리면 금방 마음이 치유될 수 있습니다.[14] 예를 들어 아침에 일어났는데 심장이 두근거립니다. 그러면 '왜 두근거릴까?' 스스로 물어본 다음 3자 관점에서 생각해 보는 겁니다.

만약 오늘이 우리 부대가 '감사 나눔 우수 부대'로 선정되어 국방일보에서 대대장을 인터뷰하러 오는 날입니다. 이 경우는 '설렘'의 감정 때문에 심장이 두근거릴 것입니다. 반면에 오늘이 지난주 부대원의 음주 운전 사고 분석 결과를 사단장님께 대면 보고 하는 날입니다. 이 경우는 '불안함'이란 감정 때문에 심장이 두근거릴 것입니다. 이처럼 심장이 두근거리는 신호는 같으나 감정의 원인과 정체는 2가지(설렘, 불안함)로 분류가 된다는 것을 알 수 있습니다.

2단계 '인식하기' 단계에서 조심할 것은 '회피하기'입니다. 부정적 감정을 느낀다는 것은 상당한 에너지가 필요하므로 어떻게든 피하고 싶어집니다. 그래서 폭식을 하거나 운동 또는 TV를 보면서 주의를 돌리고 불편한 감정을 잠시 마음 한쪽 구석에 던져 놓습니다. 그런데 이렇게 하면 우선은 괜찮겠지만 나중에는 감정 통제가 불가능해지는 상황이 발생하기도 합니다.

기분이 나쁠 때, 별것 아니라고 넘어가지 말고 이 느낌이 왜 생겼는지, 언제 또 이런 기분을 느꼈는지 질문을 해 보세요. 처음엔 어려워도 감정의 실체를 찾아가는 데 도움이 될 것입니다. 이런 데이터나 경험이 축적되면 '내가 이 경우 이런 감정을 느끼는구나! 이런 상황에서 쉽게 이런 감정이 드는구나!' 하면서 자신을 새롭게 알아 갈 수 있을 것입니다.[15]

3단계: 표현하기Expression

3단계는 감정 신호를 감지하고, 정확하게 인식한 후에 표현하는 것입니다. 스피노자Baruch de Spinoza는 "고통스러운 감정은 우리가 그것을 명확하고 확실하게 묘사하는 바로 그 순간 고통이기를 멈춘다"라고 말했습니다.

감정을 다양하게 느끼고 정확하게 표현하기 위해서는 감정 어휘를 많이 알아야 합니다.[16] 김윤나 작가의 『리더의 말그릇』에 나와 있는 감정 단어표 중 일부를 정리했습니다.

분노/짜증	두려움/걱정	불안/초조	기쁨/즐거움	감동/흥분	희망/사랑
괘씸한	걱정스러운	긴장되는	유쾌한	고마운	간절한
분한	겁나는	떨리는	만족스러운	뭉클한	기대되는
불쾌한	두려운	망설이는	반가운	벅찬	다정한
신경질 난	막막한	불안한	보람 있는	자랑스러운	두근거리는
울화가 치민	부담스러운	어색한	뿌듯한	감동적인	따뜻한
화난	심란한	조급한	상쾌한	감격스러운	사랑스러운
짜증 난	안타까운	주저하는	통쾌한	벅찬	설레는
격앙된	위축되는	초조한	흐뭇한	충만한	애틋한
뚜껑 열림	혼란스러운	조마조마한	흥미로운	경이로운	열렬한

위의 감정 단어들을 보면 우리가 무심코 접하는 일상의 단어에도 감정들이 묻어나는 것을 알 수 있을 것입니다. 예를 들어 사랑, 행복, 슬픔 같은 단어들을 생각하면 비처럼 내려오는 '젖어 드는' 감정이 느껴집니다. '외롭다'라는 말에는 혼자 동떨어져 서러운 감정도 들어있습니다. 수많은 역할로 존재하던 내가 아무 장치 없이 혼자임을 느낄 때 만나는 감정입니다.[17]

이러한 감정들을 표현하면 상대방 마음에도 스며듭니다.

남편과 아내 사이는 오해와 다툼으로 굴곡된 역사(?)라고 할 정도로 매일 사소한 일로 부부싸움을 할 때가 많죠. 저도 아내에게 자주 잔소리를 듣습니다.

"왜 이렇게 집안일에 관심을 안 가지세요? 집에서는 군인 아니에요."

"제발 양말 뒤집어서 벗지 마세요. 벗은 양말은 세탁 바구니에 바로 넣으세요."

"아무리 바빠도 아침에 이불은 개고 출근하세요."

이런 말들에는 감정 표현 단어가 하나도 없습니다. 그러니 저는 이런 말을 자주 들어도 듣는 둥 마는 둥 했습니다. 그런데 한번은 아내가 힘없는 목소리로 "당신이 두꺼운 이불을 그냥 두고 가면 이불을 개다가 손목이 아플 때가 많아 힘들고 걱정돼요"라고 했습니다.

아내가 신경질 내지 않고 힘없이 말했는데도 그 말을 듣는 순간 '걱정된다'는 단어가 제 마음속에 계속 남았습니다. 아내가 '걱정된다'는 감정을 표현하니 제가 아내의 힘든 고충을 생각하게 된 거죠. 아내도 자신의 감정을 표현해서 감정을 해소하고, 제 마음의 변화까지 끌어냈으니 효과를 본 거죠.

꽃이 예쁜 것은 자기 자신을 있는 그대로 표현하기 때문이고, 별빛이 아름다운 것은 어둠 속에서도 자신을 당당하게 표현하기 때문이라고 합니다. 이제부터 감정 표현 3단계 공식을 이용해서 감정을 표현하는 연습을 해 보세요. 새로운 경험을 하게 될 것입니다.

표현되지 못한 감정은 미해결 사건

자연스럽고 건강한 감정은 자극에 반응해서 나타나고, 그 감정을 충분히 느끼고 표현하면 사그라집니다. 그러나 표현되지 못한 감정은 미해결 사건으로 계속 남습니다. 무의식의 세계에 계속 쌓여 있다가 무기력하고 우울한 느낌, 두통, 소화 불량 등 여러 증상을 일으키기도 합니다. 그러나 일단 표현하기 시작하면 하고 싶었던 말이 생각나고 자존감도 회복됩니다.[18] 해소되지 못한 감정은 해결될 때까지 계속 우리에게 영향을 미칩니다. '나 아직 표현되지 못하고 있어. 나 좀 표현되게 해줘'라고 말이죠. 이런 상태가 계속되면 리더의 해소되지 못한 기분이나 감정은 조직에 악영향을 미치게 될 것입니다.[19]

"나이가 들수록 감정을 쉽게 드러내지 말아야 한다"라는 말도 합니다. 물론 일리가 있습니다. 높은 지위에 있는 사람일수록 부정적인 감정 표현이 부하들에게 미치는 영향은 크기 때문이죠. 그렇다고 계속 감정을 억누르고 있으면 자연스러운 감정의 흐름을 거스르게 되고, 언젠가는 자신도 모르게 폭발할 수 있습니다. 그럴 바에야 적절하게 감정을 표현하는 것이 훨씬 낫지 않을까요? 아마 많은 분이 "그걸 누가 몰라서 안 하나요? 힘들어서 못 하는 거죠"라고 하며 감정 표현을 망설입니다. 감정을 섣불리 표현했다가 관계가 더 안 좋아진 경험도 있기 때문이죠.

이제 상대의 기분이 상하지 않게 내 감정을 전달하는 방법에 대해 알아보겠습니다.

04
상대 기분이 상하지 않게 내 감정을 전달하는 방법

"내 마음속 감정을 어떻게 전달하고 있나요?"

먼저 감정 해소, 표현은 그다음

"아니, 이걸 보고서라고 가지고 왔나? 무슨 말인지 도대체 이해가 안 돼."

대대장 B 중령은 작전과장 K 소령이 작성한 보고서를 보고 질책합니다. K 소령은 얼굴이 화끈거리고 쥐구멍에라도 들어가고 싶은 심정이죠. 만약 이 자리에서 K 소령이 인상까지 쓰면서 기분 나쁜 말투로 "대대장님! 저는 열심히 작성했는데 그렇게 말씀하시니 정말 속이 상합니다"라고 하면 어떻게 될까요? 아마 B 중령은 "야! 너는 말투가 그게 뭐냐! 상급자 앞에서 건방지게 그렇게 말을 하나!"라고 하면서 관계는 더 악화될 것입니다.

감정 해소와 감정 전달은 다른 영역입니다. 본인이 감정이 해소되지 않은 상태에서 감정을 전달하면, 상대방은 말하는 사람의 불쾌한 표정이나 공격적인 태도, 비난하는 말에 주목하게 됩니다.[20] 그러므로 먼저는 자신의 감정을 해소하기 위해 노력해야 합니다.

감정 해소는 어떻게 할까요? 내가 왜 이런 감정을 느꼈는지, 내가 무엇을 원했는지 알아야 합니다. 그리고 상대방은 왜 저렇게 짜증을 내는지 입장을 바꿔 생각하면서 이해를 해 봐야 합니다. 이런 과정을 거치면

격앙되고 흥분된 마음이 점점 차분해집니다. 이 상태가 감정이 해소된 상태입니다. 감정 해소가 되고 나면 이제 내 감정을 전달해야 합니다. 직접적인 방법과 간접적인 방법이 있습니다.

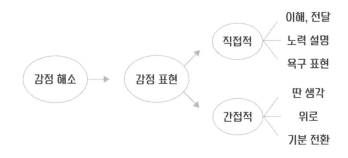

직접적 감정 표현: 호랑이 굴로 들어간다

호랑이를 잡으려면 호랑이 굴로 들어가야 하듯이 감정을 유발한 대상을 직접 대면해서 감정을 표현하는 방법입니다. 이 방법은 지금까지 쌓아온 신뢰를 바탕으로 관계가 뒤틀리지 않고 안전하다고 느껴지는 상황에서만 사용해야 합니다. 잘못했다가는 돌이킬 수 없는 감정의 극한 상태까지 치달을 수 있기 때문입니다.

위의 사례에서 K 소령은 대대장에게 어떻게 직접적인 감정 표현을 하면 좋을까요? 3가지로 구분해서 알아보겠습니다.[21]

1. 상대방이 원하는 바를 이해하고, 전달하라

'대대장님이 사단장님께 보고해야 하는데 보고서가 아직 많이 미흡한 모양이구나. 내가 대대장이라면 이런 보고서를 보고 어떤 기분이 들까?

나라도 지적하겠구나.' 이렇게 생각을 한 후에 대대장에게 말합니다.

"대대장님, 더 고민해서 보고서를 만들어야 하는데 그렇게 하지 못해 죄송합니다. 앞으로 더 노력하겠습니다."

(대대장: 이제야 내 마음과 상황을 이해하는구나)

2. 자신의 노력을 설명하고, 왜 그런 감정이 들었는지 전달하라

"대대장님, 며칠 동안 야근하면서 보고서를 만들었습니다. 수고했다는 말 한마디라도 듣고 싶었는데, 바로 심한 질책을 들으니 순간 속이 상했습니다."

(대대장: 야근하면서 보고서 만드느라 고생했는데, 거 참 미안하네)

3. 원하는 바를 적절히 표현하라

"기대에 못 미쳐 죄송합니다. 앞으로 대대장님이 한마디라도 칭찬해 주고 지도해 주시면 힘이 나서 더 열심히 할 수 있을 것 같습니다."

(대대장: 이런 일이 있을 때마다 수고했다는 말과 함께 도와줘야겠구나)

이해하기 쉽게 3가지로 나눠 설명했는데 상황에 맞게 효과적으로 감정을 전달하기 위해 꾸준히 연습해 보세요. 기억할 포인트는 3가지—상대방의 상황 이해, 감정의 발생 원인 설명, 원하는 바를 적절히 전달—입니다.

간접적 감정 표현: 암, 나는 강하고 행복한 사람이야

지금 마주친 감정을 유발한 대상에게 직접 표현하지 않고 다른 데로 주의를 전환하는 방법입니다. 머리끝까지 화가 치밀어 오르거나 슬픔이 복받칠 때, 몹시 불안할 때 등 감정이 고양되어 있지만, 그 감정에 직접 접근해서 해소할 수 없는 상황에서 사용합니다.

위의 사례에서 대대장에게 심한 질책을 받은 K 소령은 몹시 기분이 상합니다. 그러나 본인의 속상한 감정을 대대장에게 직접 표현할 자신이 없습니다. 괜히 현재 자신의 감정을 표현하면 대대장이 말꼬투리를 잡고 더 심한 질책을 할 것만 같아서죠. 스트레스를 받아서 속이 쓰릴 정도입니다. 어떻게 해야 할까요?

1. 잠시 딴 생각하기: 사람은 희망으로 살아간다

K 소령은 대대장의 심한 질책에 마음의 상처를 받고 괴로워하고 있습니다. 이때 가족과 지난 겨울에 용평 스키장에서 보낸 행복한 시간을 생각했습니다. 그리고 곧 있을 다음 휴가 때 가족과 함께 여행 갈 생각을 합니다. 이런 생각을 하니 괴로운 감정이 점점 사그라들었습니다.

뇌 과학자들은 '뇌는 상상과 현실을 구별하지 못한다'고 합니다. 예컨대 눈을 감고 우리가 레몬을 크게 한 입 베어 무는 상상을 해 보세요. 실제 그런 일이 일어나지 않아도 입안에 침이 고일 것입니다. 이처럼 긍정적이고 행복한 상황을 만들어 거기에 집중하면 뇌가 그 상황을 현실로 받아들이기 때문에 경직된 몸과 마음이 완화됩니다.

불쾌한 감정을 느끼는 것은 어떤 자극이나 구체적인 상황에 계속해서 신경을 쓰기 때문입니다. 이때 다른 생각으로 전환하면 불쾌한 감정이 완화되는 것을 느낄 수 있을 것입니다.

2. 스스로 위로: 나는 강한 사람이야, 이쯤이야

대대장의 심한 질책에 마음의 상처를 받은 K 소령은 과거에 독한 상사 밑에서 힘들게 근무하던 때를 생각합니다. 그러면서 "내가 이보다 더한 것도 이겨냈는데 이 정도쯤이야. 이 또한 지나가리라"라고 스스로 말을 하면 기분이 좋아집니다. 이처럼 위안이 되는 말을 자신에게 계속하면 불쾌한 감정을 완화할 수 있습니다.[22] 예를 들어 '괜찮아, 실수해도 괜찮아, 다음에 더 잘하지 뭐'와 같은 말을 자신에게 던지는 것입니다.

3. 기분이 전환되는 일을 하라

대대장의 심한 질책에 마음의 상처를 받은 K 소령은 2중대장과 함께 배드민턴을 쳤습니다. 땀을 뻘뻘 흘리면서 숨 가쁘게 활동을 하니 기분이 상쾌해졌습니다. 이처럼 기분이 전환되는 활동에 참여하면 자기도 모르게 불쾌한 감정이나 대상으로부터 분리가 됩니다.[23] 꼭 운동만이 아니라 산책이나 등산도 좋고, 악기를 연주하거나 글을 쓰거나 이발이나 목욕을 하는 것도 기분 전환에 도움이 될 수 있습니다.

뇌 과학자들은 "우리 몸은 뇌와 구석구석 연결되어 있다. 그러므로 뇌의 작용은 인체에 영향을 미치고, 육체의 활동은 역으로 뇌를 자극한다"라고 말합니다. 그래서 그들은 몸의 자세를 바꾸는 아주 간단한 조치만으로도 호르몬과 그로 인한 감정도 바꿀 수 있음을 증명했습니다.[24] 자, 오늘부터 허리에 힘을 주고 어깨를 쫙 펴고 당당하게 걸어 보세요. 기분도 좋아지고 자신감도 생길 것입니다.

가장 큰 오해

감정을 표현할 때 큰 오해 중의 하나가 '감정은 꼭 그 감정을 일으킨 사람에게 표현해야 한다'는 것입니다. 꼭 그럴 필요는 없습니다. 받아들일 준비가 안 된 상대방에게 섣불리 내 감정을 표현했다가 서로의 감정이 더 악화될 수도 있습니다. 상대방이 아니라도 밖으로 표현하는 그 자체만으로도 감정은 충분히 해소될 수 있습니다. 그저 소리 내어 "나 당신에게 화가 나고 서운했어"라고 표현해 보세요. 이것만으로도 감정이 해소되는 느낌을 받을 수 있습니다.[25] 이처럼 혼잣말로 감정을 표현해도 됩니다. 믿을 만한 사람에게 내 감정을 털어놓아도 감정이 풀립니다. 내가 느끼고 있는 감정에 대해 두서없이 글을 쓰는 것만으로도 나를 억압하던 감정들이 사라집니다.[26]

"눈물은 신이 인간에게 선물한 치유의 물이다."

영국 정신과 의사 헨리 모즐리Henry Maudsley의 말입니다. 실컷 울고 나면 깨끗하고 시원한 느낌이 드는 이유도 바로 그 때문이죠. 잘 우는 사람이 그렇지 못한 사람보다 더 긍정적이고 건강하다는 연구 결과도 있습니다.

1993년에 영국 다이애나Diana Frances Spencer 전 왕세자비가 교통사고로 사망했을 때 많은 영국 국민은 비탄에 잠겼습니다. 장기간 눈물을 흘리며 그녀의 죽음을 애도했지요. 그 후 뜻밖의 일이 일어났습니다. 다이애나의 장례식 이후 정신 병원을 찾는 우울증 환자들이 절반으로 줄어든 것이죠. 이유가 뭘까요? 실컷 울고 나서 스트레스를 모두 날려버렸기 때문입니다. 이를 '다이애나 효과'라고 합니다.[27] 이제부터 내 마음속의 다양한 감정을 상황에 맞게 다양한 방법으로 적절하게 표현하는 시도를 해 보세요. 불필요한 기분을 많이 줄일 수 있을 것입니다.

05
화는 풀려야 사라진다

"순간 일어나는 화를 어떻게 다스려야 할까요?"

토론하다가 분노를 일으키고 사망한 학자

미국의 생물학자 존 헌터 박사는 어느 날 한 학회에서 분노나 질투와 같은 감정을 품으면 심장병 발생 확률이 높아진다고 주장했습니다. 듣고 있던 다른 학자가 그의 학설을 강력하게 반박했습니다. 그는 그 학자에게 심한 분노를 느꼈습니다. 반론을 제기하기 위해 자리에서 일어나던 중 '극심한 분노'로 심장 혈관이 압박을 받아 심장마비로 사망했습니다.

감정이 심장병 발생 확률에 미치는 영향을 토론하는 자리에서 발표자가 심장마비로 사망하다니 참으로 어처구니없는 일이 일어난 거죠. 이처럼 화를 내는 것은 마치 뇌에 독약을 붓는 것처럼 치명적입니다.

뇌뿐만 아니라 결정적으로 나빠지는 장기가 하나 더 있습니다. 심장입니다. 화가 나면 심장부터 두근거리는 것도 바로 그 때문입니다.[28] 대다수 사람이 다루기 힘들어하는 감정, '화'에 대해서 알아보겠습니다.

나는 왜 화를 내는가?

화를 낸다는 것은 더 참지 못해서 어떤 말이나 행동을 하거나 하겠다고 마음을 먹은 상태입니다. 화가 나는 상황과 이유는 셀 수도 없이 많겠지만 관련 서적과 제 경험을 토대로 6가지로 정리해봤습니다.

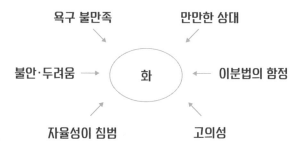

1. 욕구 충족이 안 될 때

요구를 거절당하거나 상대방으로부터 무시당할 때, 즉 욕구 불만족 상황일 때 화를 냅니다.

2. 만만한 상대일 때

'높은 사람에게 화를 내면 자기만 손해다.' 누구나 이 사실을 알기 때문에 만만한 사람에게만 화를 냅니다.

3. 이분법의 함정에 빠져 있을 때

나는 옳고 너는 틀렸다는 확신 때문에 자신과 다른 사람 의견을 무시하고 화를 냅니다.

4. 고의성이 있을 때

상대방이 나에게 실수했다고 생각하면 화가 덜 나는데, 어떤 의도를 갖고 고의로 했다고 생각하면 화가 납니다.

5. 자율성이 침범을 받을 때

내 권한으로 할 수 있는 일인데도 상급자가 심하게 통제해서 내가 할 수 있는 일이 없거나 줄어들 때 화가 납니다.

6. 불안하고 두려울 때

사람들은 자신이 불안하고 두려울 때 이를 감추려고 화를 냅니다. 화를 내서 자신에게 집중된 관심을 상대방에게 돌리면 본인은 불안하고 두려운 감정에서 일시적으로 벗어날 수 있기 때문입니다.

똑똑하고 영리하게 분노를 다스리는 방법

피할 수 없는 감정 '화'를 어떻게 다스리고 풀어가는 것이 좋을까요? 6가지로 알아보겠습니다.

첫째, 분노에 대한 관점을 바꾸어 보세요. 분노의 감정을 잘 이해하고 역으로 사용하면 변화의 발판으로 삼을 수 있습니다.

"주전 경쟁에서 돼지같이 살찐 이운재를 왜 뽑느냐?"

한국의 간판 골키퍼였던 이운재 선수는 경기 때마다 뱃살 논쟁으로 강한 분노를 느꼈습니다. 사람들의 비난은 이운재의 자존심에 상처를 주고 '화'를 불러일으켰습니다. 이운재는 이 '화'를 자극제로 생각했고, 나은 모습을 보여주려고 더 열심히 훈련했습니다. 그날 운동이 다 끝나도 따로 남아 또 연습했습니다. 결국 이운재는 '화'라는 에너지를 잘 사용해서 골키퍼로는 처음으로 K리그 MVP를 수상하는 영예를 안았고, 2002년 한일 월드컵에서는 대한민국의 주전 골키퍼로 대한민국이 4강에 오르는 데 큰 역할을 했습니다.

부당한 방식으로 누군가가 자신을 모욕하고 억울하게 할 때가 있습니다. 이때 화를 느끼지 못하고 대응하지 않는다면 그 감정이 해소되지 않아 불편한 상태로 생활하게 됩니다. 화를 느끼는 것 자체는 잘못된 것이 아닙니다. 이운재 선수처럼 화를 잘 풀어서 약이 되게 하는 것이 중요합니다.

둘째, 상대방 입장을 충분히 이해해 보세요. 상대의 입장이나 처지를 이해하고 공감할 때 분노의 감정이 줄어들 것입니다.

세계적인 테마파크 디즈니랜드 직원들은 분노를 터트리는 이용객들에게 어떻게 대응할까요? 그들은 이용객들이 기분이 나쁠 수밖에 없는 상황을 상상하면서 분노를 잠재운다고 합니다. 예를 들어 한 손님이 화가 나서 심한 말을 하면 일단 감정적 대응을 자제하고 머릿속으로 상상을 합니다. '저 손님은 이곳에 오는 동안 자동차가 펑크 나서 기분이 안 좋을 거야, 차를 타고 이곳까지 오면서 가족끼리 심한 말다툼을 했을 거야'라고 말이죠. 이처럼 화가 났을 때 상대의 입장을 상상하면서 화를 잠재우는 방법이 매우 효과적입니다. 분노의 감정이 일어날 때 잠시 눈을 감고 생각해 보세요. '그럴 만한 이유가 있을 거야'라고 말이죠.

셋째, 자신이 현재 너무 조급한 건 아닌지 점검해 보세요. 허겁지겁 바쁘게 살아가다 보니 마음에 여유가 없습니다. 쉽게 짜증이 나고 지쳐서 자제력을 잃기도 합니다. 과도한 의욕을 가지고 강하게 밀어붙이고 사람들을 닦달하다 보니 역효과가 납니다. 이 경우 하던 일을 잠시 멈추고 심호흡을 하면서 생각해 보세요. '그들의 눈에 나는 어떻게 비치고 있을까? 시간이 지나서 그들은 나를 어떤 사람으로 기억할까?'라고 말입니다.

넷째, 아픈 사람이라고 생각하세요. '화를 자주 내는 사람은 성격이 나쁘다'고 생각하면 심한 거부감이 들고 반발심만 생깁니다. 실제로 화를 자주 내는 사람은 자신의 감정을 담아내는 그릇이 작아서 웬만한 것들을 참지 못합니다. 그러니 화를 내는 사람을 단지 '나쁜 사람'이라고 생각하지 말고, '아픈 사람'이라고 생각해 보세요. 환자라고 생각하면 그 사람에 대한 태도가 달라질 수 있을 것입니다. '저 사람이 정말 아프구나. 환자라 고통스럽겠구나'라고 생각하면 오히려 측은한 마음이 생깁니다.[29]

다섯째, 일단 걸어 보세요. 인간이 가장 다루기 힘들다는 '분노'라는 감정의 진원지는 어디일까요? 바로 '뇌'입니다. 분노는 뇌에서 시작됩니다. 그중에서도 편도체가 분노의 진원지입니다. 편도체는 기쁨, 슬픔, 두려움과 같은 감정을 유발하는 부위입니다.[30] 분노의 감정이 생기면 편도체는 흥분합니다. 흥분한 편도체를 진정시키는 데 좋은 방법이 산책입니다. 걷다 보면 감정이 정돈되고 생각이 차분해질 거예요. 실제로 뇌 사진을 찍어 봐도 발뒤꿈치가 땅에 닿을수록 편도체 활동은 진정됩니다.[31]

화가 나거나 우울하거나 기분이 복잡할 때 일단 밖으로 나가서 걸어 보세요. 걷다 보면 기분이 나아집니다. 저도 업무 중에 기분 안 좋은 일이 있으면 점심시간이나 퇴근 후에 산책을 합니다. 비가 와도 우산을 쓰고 걷습니다. 걷다 보면 생각이 정돈되고 기분이 좋아지는 경험을 수없이 겪었습니다.

여섯째, 화내기 전에 다음 4가지 질문을 던져보세요. 미국 듀크대학교 레드포드 윌리엄스Redford Williams교수는 화를 내기 전에 4가지 질문을 던지라고 합니다. 첫째, 이것이 나에게 중요한 일인가? 둘째, 이 일에 대해 내가 느끼는 분노가 적절한가? 셋째, 화를 내서 지금 상황을 변화시킬 수 있는가? 넷째, 이 상황에서 화를 낼 만한 가치가 있는가?

당신이 이 4가지 질문에 모두 'Yes'라고 생각하면 화를 표현해도 됩니다. 그러나 이 4가지 질문에 하나라도 'No'라는 생각이 들면 화를 내선 안 되고 다른 방법으로 해소하는 것이 좋습니다.

'화' 뒤에 숨은 자기 욕구를 간파하라

화는 결국 풀려야 합니다. 그렇지 않으면 당신의 삶에 나쁜 영향을 미칠 수 있으니까요.

화를 푸는 데 꼭 기억할 것이 있습니다. 만약 당신이 어떤 상황에서 크게 분노가 일어났다면 그 이면에는 당신이 중요하게 생각하는 것, 즉 당신의 욕구가 숨어있다는 것입니다.

저의 경험을 이야기해 볼게요. 저는 대대장으로 근무를 할 때 병사들이 큰 잘못을 해도 제 권한으로 해결 가능한 일에 대해서는 크게 화를 내지 않았습니다. 하지만 상급 부대에서 점검을 왔을 때는 병사들이 사소하게 잘못한 행동에 대해서도 심하게 화를 냈습니다.

왜 그랬을까요? 상급 부대로부터 인정받고 싶은 저의 욕구, 욕심 때문이었습니다. 만약 당시에 '인정받고 싶은 욕구 때문에 지금 내가 화가 심하게 났구나'라고 인식했다면, 문제의 원인을 제게로 전환하니까 남 탓을 덜하고 화도 덜 냈을 것입니다.

상대를 비난하기 전에, 폭력이나 폭언을 내뱉기 전에, 무작정 소리를 지르기 전에 일단 멈추세요. 그리고 진실한 마음의 소리를 들어 보세요. 나의 어떤 욕구가 좌절되어서 이렇게 화가 나는지, 내가 정말 원하는 것이 무엇인지. 이 질문에 대한 답은 상대방에게는 없습니다. 상대를 위협하고 비난해도 답은 나오지 않습니다. 바로 나에게서 답을 찾아야 합니다.[32] 명심하세요. 당신이 어떤 상황에서 분노했다면 그 뒤에 자신이 중요하게 생각하는 것, 즉 자기 욕구가 숨어있다는 것을.

지금까지 감정의 역할, 감정 표현, 감정 전달 방법 등에 대해서 알아봤습니다. 하버드대 심리학과 연구팀은 "성취, 명예, 부를 만드는 요소는 80% 이상이 감정과 관련이 있다. 지식이나 실력은 15%에 불과하다"라고 했습니다.[33] 이처럼 이제 감정 조절 능력은 단순히 사람의 감정뿐만 아니라 일과 성공, 일상과 인간 관계에까지 중요한 영향을 미치고 있습니다. 이제 아침에 일어나면 하루를 시작하면서 스스로 물어보세요. '오늘 기분은 어때?'

1. 낯선 나의 감정 탐색하기

·감정은 우리가 생각하는 것보다 훨씬 다양한 역할을 한다.

2. 내 감정의 이름은 뿌듯함입니다

·감정에 이름을 붙이는 것만으로도 감정 조절 효과가 있다.

3. 감정을 다루는 3단계 공식

·새로운 역할에 맞게 리더십 초점 전이가 필요하다.

4. 상대 기분이 상하지 않게 내 감정 전달하는 방법

·먼저 감정을 해소하고, 그다음에 표현하자.

5. 화는 풀려야 사라진다

·화를 회피하지 말고 긍정적으로 표출해서 약이 되게 하자.

Why 지금 내 마음이 불편한 이유는 무엇일까?

What 지금 내가 다루어야 할 감정의 이름은 무엇인가?

How 감정 표현 3단계를 적용해서 나의 감정을 표현해 보자

매뉴얼 3
공감

리더의 삶을 빛나게 하는 공감 능력

01
공감의 원리와 놀라운 효과

"공감은 어떻게 일어날까요?"

거울 뉴런과 뇌의 공감 원리

2021년 8월, 미군이 아프가니스탄에서 철수를 단행했을 때 있었던 일입니다. 탈레반이 점령한 아프가니스탄 수도 카불에서는 미처 탈출하지 못한 아프간인들이 발을 동동 구르고 있었습니다. 본인들은 탈출하지 못하더라도 아이들은 탈출시키려고 철조망 너머 미군들에게 아기를 들어 올리거나 던져서 넘겨주고 있었습니다. 던져진 아기 몇 명은 철조망 위에 걸려 떨어졌습니다. 날카로운 철조망 창살에 걸린 아이는 고통스럽게 비명을 질렀습니다. 그 모습을 본 미군들도 얼굴이 찡그려졌습니다. 그 미군들은 밤이 되면 철조망 위의 아이들을 생각하며 눈물을 흘렸다고 합니다. 이처럼 사람의 뇌는 타인의 고통과 기쁨을 느끼는 반응 작용을 합니다.

상대의 고통을 보기만 해도 자신도 모르게 함께 고통을 느끼는 것은 뇌 속의 신경 세포인 '거울 뉴런Mirror Neuron' 때문입니다. 다른 사람의 행동을 거울처럼 반영한다고 해서 '거울 뉴런'이라고 불립니다. 남이 아주 매운 떡볶이 먹는 것을 보기만 해도 마치 내가 그것을 먹는 것처럼 느낌이 촉발됩니다. 영화를 볼 때 주인공이 울거나 슬퍼하면 보는 관객도 슬퍼집니다. 모두 '거울 뉴런'이 반응하는 현상입니다. 이처럼 '거울 뉴런'으로 인해 타인이 고통이나 기쁨을 느끼는 것을 보는 것만으로도 뇌의 해당 신경 세포가 똑같이 활성화됩니다.[1]

공감의 놀라운 효과

1940년 11월 7일, 미국 워싱턴주 터코마 해협에 놓인 다리가 산들바람에 어이없이 무너졌습니다. 이 다리는 원래 시속 190km 속도의 초강풍에도 견딜 수 있도록 설계되었습니다. 그런데 완공 3달 만에 산들바람으로 볼 수 있는 시속 70km 바람에 거대한 철 구조물이 맥없이 무너져 내린 것이죠? 왜 그랬을까요? 바람이 불 때 생긴 작은 진동이 우연히 다리의 고유 진동수와 일치하여 공명 반응이 일어난 것입니다. 그러자 다리는 심하게 진동하고 휘어지다가 맥없이 무너져내렸습니다. 공명 반응처럼 공감도 그렇습니다. 숨이 안 쉬어질 정도로 꽉 막힌 상태에서 어느 순간 공감의 울림이 일어나면 갑자기 두 사람 사이에 '찌릿' 하는 전기가 통하는 기분이 듭니다. 예를 들어 보겠습니다.

K 소령이 사단 직할대장으로 근무할 때 있던 일입니다. 부대원 14명을 태운 차량이 경사지를 오르다가 오른쪽으로 뒤집혔습니다. 사망자가 발생하고 중상자도 나온 대형 사고였지요. 사고 보고를 받고 K 소령은 급히 현장으로 갔습니다. 현장은 아수라장이었습니다. 부대원들은 피를 흘리고 길바닥에 쓰러져 있고, 차량은 뒤집혀 있고, 고통스러운 신음이 여기저기서 들렸지요. 상급 부대 담당자들은 상황 파악을 위해 K 소령에게 계속 전화를 했습니다. 현장 조치도 벅찬데 여러 명으로부터 전화까지 받아야 하니 너무 힘들었습니다. K 소령은 '이제 내 군 생활도 여기서 끝

이구나'라는 생각에 좌절감이 밀려왔습니다.

또 핸드폰이 울립니다. 이번에는 사단장님 전화입니다. 사단장님께 최소한 지적이나 왜 그랬냐는 문책 한마디는 들을 줄 알았습니다. 그런 데 웬일입니까? 사단장님은 이렇게 말했습니다.

"사고 수습하느라 수고한다. 많이 힘들지. 잘 조치해줘서 고맙다. 네가 할 일은 했다. 이제부터 나와 참모들이 책임지고 도울 것이다."

사단장님의 말을 들으면서 K 소령의 두 눈에는 하염없이 눈물이 흘러 내렸습니다. 자신의 마음을 알아주는 사단장님의 마음이 통했고, 그 마음이 너무나 고마웠던 거죠.

이처럼 힘든 상황에서 누군가가 나를 공감해 주면 전혀 생각지도 않은 일들이 일어납니다. 첫째, 내 안에 따뜻한 느낌이 솟아납니다. 다른 사람이 정말로 나를 이해한다는 사실을 알아차리면 마음이 따사로워집니다. 둘째, 마음이 든든해지고 희망이 솟아납니다. 외로웠는데 자신을 깊이 이해하는 사람을 만나니 이제 외롭지 않게 되는 거죠. 험난한 세상을 이겨 낼 수 있는 희망과 자신감이 생깁니다. 셋째, 누군가가 나의 고통에 공감해 주면 그 문제를 해결할 수 있는 실마리가 보이기 시작합니다. 안도감과 희열감을 동시에 느끼게 되는 거죠. 그리고 내가 누군가를 진심으로 공감하려고 마음을 먹으면 내 마음속에는 벌써 따뜻한, 상냥한, 부드러운 느낌이 들기 시작합니다.[2]

등잔 밑이 어두운 공감의 모순

제가 아내와 함께 길을 걷다가 도로에서 일하는 사람들을 보고 "더운데 고생 많겠다"라고 하면, 아내는 "당신은 제발 내가 집안일 하느라 얼마나 힘든지나 알아주세요"라고 합니다.

사람들은 공감이 중요한 줄 알면서도 정작 가까이 있는 사람에게는 공감을 안 해 주는 경우가 있습니다.

어느 귀부인이 추운 겨울에 연극을 보러 갔습니다. 공연 중에 가난한 주인공이 고생하는 장면이 나오자 귀부인은 울음을 터트리고 하염없이 흐르는 눈물을 손수건으로 계속 닦았습니다. 연극을 함께 본 관람객들이 귀부인을 보고 "참, 착하고 좋은 심성을 가진 분이네요"라고 생각했습니다.

그러나 귀부인이 연극을 감상하고 있을 그 시간, 부인을 태우고 왔던 마부는 추운 길거리에서 눈을 맞으며 벌벌 떨면서 귀부인을 기다리고 있었습니다. 귀부인이 조금만 배려해 주었더라면 마부도 따뜻한 극장 안 어딘가에서 몸을 녹이며 기다릴 수 있었을 텐데요.

이 이야기를 두고 심리학자 윌리엄 제임스William James는 인간의 '연극적 감수성'이 잘 나타나 있다고 말했습니다. '연극적 감수성'이란 먼 아프리카나, 연극, 드라마 같은 허구의 대상에게는 깊은 동정의 마음을 가지면서 정작 주변 사람들에게는 냉담한 사람들의 마음 상태를 두고 하는 말입니다.[3]

마더 테레사Mother Teresa가 "나는 대중을 위해서라면 행동하지 않겠지만 한 사람을 위해서라면 발 벗고 나설 것이다"라고 말한 적이 있습니다. 마더 테레사는 '연극적 감수성'의 모순을 잘 알고 행동한 사람이었던 거죠.

아버지의 속마음

저도 연극적 감수성을 경험했습니다. 2020년 8월 여름, 부모님을 모시고 가족들과 통영으로 여행을 갔을 때 있었던 일입니다. 케이블카를 타려고 표를 발권하는데 아버지가 갑자기 "나는 케이블카 안 탄다"라고 했습니다.

"아버지 왜 그러세요? 표도 다 끊었는데, 같이 타세요."

하지만 아버지는 "안 탄다. 여기 의자에 앉아 있어야겠다"라고 했습니다. 몇 번을 권유하니 마지못해 자리에서 일어났습니다. 잠시 후 산 정상에서 케이블카가 내려왔습니다. 케이블카는 정지한 상태에서 타는 것이 아니라 느리게 움직이는 동안에 타야 했습니다. 가족들이 한 명씩 케이블카 안으로 들어가는데 아버지가 쉽게 못 타시고 기우뚱하시는 거예요. 아뿔싸! 아버지의 한쪽 다리가 짧다는 사실을 깜박 잊고 있었던 겁니다.

아버지는 53세 때 경운기가 농로의 다리 밑으로 떨어지면서 큰 사고를 당했습니다. 그 사고로 수술 후에 한쪽 다리가 짧아져서 35년 동안 한쪽 다리를 절고 다닙니다. 다리가 불편한 사람은 계속 움직이고 있는 케이블카에 올라타기가 어렵지요. 케이블카를 안 탄다고 말씀한 아버지의 마음이 그제야 이해가 되었습니다. 저는 그날 케이블카 사건을 통해서 처음으로 아버지가 느끼는 삶의 고통의 깊이를 가슴으로 느꼈습니다.

지금은 다른 사람들보다 바로 곁에 있는 사람들의 입장과 처지에 관심을 가질 때입니다. 그들에게 여러분의 뇌 속에 장치된 공감 회로의 스위치를 켜고 다가서 보세요. 평소에 보이지 않던 것들이 보이고 생각하지 못했던 것들이 느껴지기 시작할 것입니다.

02
리더의 공감 결핍 현상

"리더의 공감 결핍 현상은 왜 일어날까요?"

사회 문제로 부각된 공감 결핍 현상

2008년, 미국 대통령 선거를 앞둔 버락 오바마Barack Obama는 '공감 결핍'을 선거 운동 주제 중 하나로 삼았습니다. 그는 다음과 같이 말했습니다.

"이 나라에서는 연방 재정이 적자라는 이야기를 많이 합니다. 하지만 나는 우리에게 공감 능력이 부족하다는 이야기를 더 많이 해야 한다고 생각합니다. 그것은 다른 누군가의 처지가 되어보고 우리와 다른 사람의 눈으로, 배고픈 아이의 눈으로, 해고된 철강 노동자의 눈으로, 당신 기숙사 방을 청소하는 이민 노동자의 눈으로 세상을 바라보는 일입니다. 우리는 공감을 장려하지 않는 문화에 살고 있습니다."[4]

대통령 선거 운동에서 공감을 다룰 정도로 공감 결핍 현상이 사회 전반적으로 일어나고 있습니다.

2011년에 미국 스탠포드대학교 연구팀은 1979년부터 2009년까지 30년 동안 대학생들을 대상으로 공감 능력의 변화를 측정했는데 '공감 능력이 40% 감소했다'는 연구 결과를 발표했습니다. 공감 능력의 감소 원인은 온라인 활동 증가와 대면 관계 감소였습니다.[5]

소셜 네트워크의 발달과 인터넷 문화의 확산으로 그 어느 때보다 많은 사람이 연결되고 있지만 공감 능력은 계속 감소하고 있습니다. 소셜 네트워크는 정보를 퍼트리는 능력은 뛰어나지만 공감을 퍼트리는 능력은 뛰어나지 못했습니다.[6]

스마트폰 검색, 문자, SNS 좋아요, 댓글, 공유하기 등 우리는 비대면 활동에 많은 시간을 보내면서 생활합니다. 상대방이 어떻게 받아들일지 생각할 겨를도 없이 답글 보내기 바쁘게 살아가지 않나요? 타인에게 온전하게 집중할 물리적인 시간도 부족하고 마음의 여유도 없는 거죠. 이러다 보니 공감과 경청이 어렵게 느껴지고 대화 간에 상대방의 감정이나 표정을 못 보고 지나칠 때가 많습니다. 당연히 공감하는 데 필요한 비언어적 신호에도 둔감해집니다. 우리 스스로 공감 결핍을 초래하고 있습니다. 공감과 관련된 뇌의 신경 세포도 점점 둔화하고 공감이 어려워질 수밖에 없습니다.

타고르도 피해 가지 못한 인간의 본성

인도의 시인 타고르Rabindranath Tagore가 실제로 경험한 일입니다. 어느 날 타고르의 집 마당을 쓰는 하인이 세 시간이 넘도록 오지 않았습니다. 화가 머리끝까지 난 타고르는 그 하인을 해고하겠다고 작정합니다. 3시간 후 허겁지겁 달려온 하인에게 빗자루를 내던지며 다음과 같이 말했습니다.

"너는 해고야! 빨리 이 집에서 당장 나가!"

그러자 하인은 힘없이 빗자루를 들며 말했습니다.

"죄송합니다. 어젯밤에 딸 아이가 죽어서 아침에 묻고 오는 길입니다."

타고르는 그 말을 듣고 깊이 반성했습니다. 타고르는 그 사건을 두고 인간이 자기 입장과 이익만 생각했을 때 얼마나 잔인해질 수 있는지 배웠다고 합니다.

'인간은 이기적인 존재다.' 이 가정은 뼛속 깊이 사람들의 머릿속에 각인되어 사람들이 그 사실 자체도 잊어버리고 살 때가 많습니다. 이러한 자기 중심성은 직책이 높은 리더들에게 더 극명하게 나타납니다. 모든 일이 자기를 중심으로 돌아가기 때문에 다른 사람의 입장과 감정을 고려하지 못할 때가 많습니다. 정말 심각한 문제는 리더 자신이 얼마나 자기 중심적인가를 모른다는 것입니다. 대화할 때도 높은 지위에 있는 사람은 낮은 지위에 있는 사람의 눈을 덜 마주치거나 고개를 덜 끄덕입니다. 삶의 시련과 고통에 대해서 털어놓을 때도 약자의 위치에 있는 사람들이 더 많은 공감을 표현합니다.[7]

리더가 공감하지 못하는 4가지 이유

신생아실에 있는 아이들은 다른 아이가 울면 곧장 따라 웁니다. 그런데 재미있는 것은 자신의 울음소리를 녹음해서 들려주면 평소 잘 우는 아이라도 울지 않는다는 것이죠. 이것이 바로 '신생아성 반응 울음 실험'입니다. 이처럼 인간은 태어날 때부터 공감 능력을 가지고 있는데 왜 리더가 되면 공감 결핍 현상이 일어날까요?

첫째, 가성비가 낮다고 생각하기 때문입니다. 즉 투자한 만큼 금방 효과가 나타나지 않아서 그런 것이죠. 성과를 내야 하는 치열한 경쟁 분위기 속에서 남의 고통에 관심을 가질 여유가 없습니다. 들어봤자 뻔한 내용이라 생각도 하죠. 그래서 듣기보다는 부하들을 다그치면서 빨리빨리 업무를 합니다. "그래서? 결론부터 말해!"라는 말을 습관적으로 하게 되는 거죠.

둘째, 뇌가 지끈지끈 아프기 때문입니다. 급한 업무들을 빨리 처리해야 하는데, 구성원 각각의 입장까지 이해하려면 머리가 아픕니다. 구성원의 의견과 감정에 집중하는 것은 매우 힘든 일이니까요. 그래서 눈앞에 있는 부하와 대화를 하고 있으면서 머리로는 다른 업무를 생각하기도 합니다.

셋째, 리더가 부하들의 감정을 세밀하게 느끼면 리더 자신도 피곤해지기 때문입니다. 예를 들어 집안 문제로 힘들어하는 부하의 고충을 계속 듣고 있으면 리더도 우울해질 수 있는 거죠. 고충을 들었는데도 리더가 해줄 일이 없으니 답답한 마음까지 들어 스트레스로 작용할 수도 있습니다.

이러다 보니 오히려 공감 능력이 약할수록 유리하다고 말하는 사람들도 있습니다. 공감 능력이 부족하면 남의 이야기를 듣거나 타인의 어려움을 해소하는 데 자기 시간을 뺏기지 않기 때문입니다. 옆에서 사람이 상처받고 괴로워해도 신경 쓰지 않고, 오로지 자신만을 위해서 일하는 사람들입니다.[8]

이런 사람들은 주어진 목표 달성을 위해 물불 가리지 않고 일만 하면서 타인의 고통에는 점점 무뎌지게 되죠. 이런 현상이 지속되면 언젠가 자신도 심각한 피해를 받는다는 사실을 알지 못하는 사람들입니다.

넷째, 지위가 올라갈수록 눈치 볼 필요가 없기 때문입니다. 버클리대 심리학과 대처 켈트너Dacher Keltner 교수는 "권력을 갖게 되면 공감 능력의 원천인 뇌의 '거울 뉴런'이 손상을 입게 된다"라는 연구 결과를 발표했습니다. 뇌가 손상을 입는 원인은 눈치를 보지 않기 때문이라고 합니다.

조직의 구성원은 리더에게 잘 보이려고 아부를 하고 비위도 맞추며 칭찬을 합니다. 리더의 기분에 민감하게 반응하고, 수시로 심기도 살핍니다. 그러니까 상대적으로 리더는 구성원의 눈치를 볼 필요가 점점 더 없어지게 되는 거지요. 권력을 가진 리더일수록 구성원의 입장과 처지를 헤아리지 않는 경우가 많습니다. 회의 석상에서 특정 간부를 심하게 질책합니다. 그 간부가 대꾸하면 자기 말에 토를 단다고 화를 내기도 하죠. 자신과 다르게 생각하는 구성원을 이해하지 못하는 거죠.

저도 상급자들의 눈치를 많이 보고 살았습니다. 특히 아침 회의 시간은 곤욕스러울 때가 많았습니다. 지휘관이 회의실에 오기 직전까지 긴장된 상태로 현황을 수정하고 어떤 내용을 보고할지 고민했습니다. 지휘관이 회의장에 도착하기 직전에는 무거운 침묵과 긴장감이 흐릅니다. 지휘관 말 한마디에 따라 그날 부대의 전체 분위기가 좌우됩니다. 질문에 답을 못해 혼이 난 적도 많았습니다. 오죽했으면 아침 회의가 끝나면 일과가 시작되기도 전인데 벌써 피로감이 확 몰려왔을까요? 그런데 막상 제가 지휘관이 되니까 아침 회의를 준비하면서 느꼈던 고충들을 모두 잊어버리는 거예요. 간부들 눈치를 안 보고 하고 싶은 말만 다 하는 저 자신을 보면서 참 우습다는 생각을 했습니다. 이처럼 리더는 직책이 올라갈수록 공감 결핍증에 빠질 위험이 크다는 것을 꼭 기억하세요.

힘든 상황에서도 공감 능력을 발휘한 두 명의 사례를 소개해 드리겠습니다.

전쟁터에서도 빛나는 리더의 공감 능력

우크라이나 대통령 젤렌스키Volodymyr Zelensky는 리더의 공감 능력이 얼마나 중요한가를 전쟁터에서 보여준 인물입니다. 2022년 2월 24일, 러시아가 우크라이나를 침공했을 때 대부분 사람은 전쟁이 금방 끝날 것으로 예측했습니다. 심지어 전쟁 초기 미국은 젤렌스키에게 도피를 권유했습니다. 그러나 젤렌스키는 미국의 권유를 거부하면서 "내가 필요한 것은 차량이 아니라 탄약이다"라고 분명하게 항전 의사를 밝혔습니다. 그는 개전 다음 날 어두컴컴한 정부 청사를 배경으로 촬영한 동영상에서 다음과 같이 말합니다.

"러시아, 너희가 가스, 빛, 물, 음식으로 협박하면 그것 없이 살겠다. 추위, 어두움, 갈증, 배고픔이 너희에게 굴종하는 것보다는 더 견딜 만하다. 그리고 우리는 끝내 가스, 빛, 물, 음식도 되찾을 것이다. 그것도 너희의 도움 없이."

젤렌스키의 뛰어난 공감 능력과 리더십은 우크라이나 국민의 가슴을 피 끓게 했습니다. 대통령의 항전 의지를 확인하면서 전쟁 초기 자리를 버리고 달아났던 관리들도 속속 복귀했습니다. 서방 국가들도 감동해서 우크라이나를 돕는 데 발 벗고 나섰습니다. 전쟁의 한복판에서도 리더의 공감 능력이 어둠을 밝히며 빛을 발하고 있었습니다.

다녀와라, 아이들의 운동회

제가 한창 바쁘게 대대장 근무를 하던 어느 날 아내에게서 연락이 왔습니다.

"여보, 아이들 운동회 하는데 휴가 내서 올 수 있나요? 이번 운동회 때는 부모님도 꼭 참석하면 좋겠다고 학교에서 연락이 왔어요. 아이들도 이번에는 아빠가 꼭 왔으면 좋겠다고 해요."

운동회 날짜를 보니 하필이면 군사령관님을 모시고 하는 해안경계 작전 전술토의 하루 전날입니다. 그날은 연대장님이 우리 대대에 와서 전술토의 최종 예행연습을 하는 날이라 부대로선 매우 중요하고 바쁜 날이었습니다.

고민하다가 용기를 내서 연대장님께 운동회에 잠시 다녀올 수 있는지 조심스럽게 여쭤보았습니다. 연대장님은 "당연히 가봐야지. 나도 바쁘게 군 생활하느라 내 자식들에게 잘해 주지 못해 두고두고 미안한 마음이 많아. 부대 일은 걱정하지 말고 다녀와"라고 흔쾌히 허락해 주셨습니다. 순간 제 마음이 뭉클하면서 연대장님 마음과 짜릿하게 통한다는 느낌을 받았습니다. 아빠가 운동회에 참석하니 아이들이 정말로 좋아하더군요. 제 마음을 알아주고 가족들과 소중한 추억을 만들어 준 연대장님께 지금도 고마운 생각이 듭니다.

03
공감은 배우고 익히는 습관이다

"나와 다른 상대방을 공감하기 위해 어떤 노력을 하고 있 나요?"

순간적인 감정과 공감은 다르다

감정적 공감은 타인의 감정이 자신에게 느껴지는 것을 말합니다. 힘 들고 어려운 일을 겪고 있는 사람을 보면 상대방의 마음을 상상할 수 있 지요. 감정적 공감은 상대방이 나와 비슷하거나 연결고리가 있다고 느낄 때 강하게 일어납니다.

인지적 공감은 다른 사람의 관점에서 보는 것입니다. 인지적 공감에 서 요구되는 가장 기본적인 전제 조건은 타인에게는 나와는 다른 생각과 감정이 있다는 사실을 인정하고 이해하는 것입니다. 나와 상황이나 여건 이 다른 사람의 관점으로 세상을 바라보려면 의식적으로 노력을 해야 합 니다.

어떤 장면을 척 보고 눈물을 주르륵 흘리는 것이 공감의 본질은 아닙 니다. 왜냐하면 그런 현상은 타인의 고통에 대한 깊은 이해 없이 순간적 으로 일어나는 감정일 수 있기 때문입니다.

리더의 이기적인 심리

상대방에게도 독립적인 감정이 존재한다는 것을 인정하는 것이 공감의 본질입니다. 공감 능력을 발달시키기 위해서는 내가 좋아하는 상대라고 해도 나의 감정 시스템과 완전히 같을 수 없다는 사실을 인정해야 합니다. 그렇지 않으면 오히려 가까운 사람들에게 서운해 하고 마음 상하는 일들이 자주 일어나는 경우도 많습니다.

"너는 나랑 함께 일한 게 몇 년인데 그거 하나 제대로 이해 못 하냐?"라고 말하는 경우가 종종 있습니다. 왜 이런 말을 할까요? 리더가 구성원과 오랫동안 함께 지내다 보면 타인에게도 그 사람 고유의 생각과 감정이 있다는 사실을 잊어버리기 때문입니다. 당연히 부하들이 나를 이해하고 내 의지나 생각에 동조할 것이라는 이기적인 심리가 작동하는 것이죠. 리더가 가만히 있으면서 일어나는 공감은 결코 없습니다.

소설에서나 읽었던 감동적인 장면

배우고 익히는 공감 습관의 중요성을 알게 해 주는 좋은 사례를 소개하겠습니다. K 소위가 소대장으로 근무하면서 실제로 겪은 사례입니다.

22살 A 이병이 소대로 전입을 왔습니다. 겉으로는 멀쩡했는데, 매사에 소극적이고, 면담 간에 자살 충동을 수시로 느낀다고 했습니다. 인성 검사 결과도 전 항목이 나쁘게 나왔습니다. A 이병은 여자 친구도 없고, 가정에 특별한 문제 없이 군에 입대했습니다. 그런데도 수시로 죽음을 생각한다고 하니 주변 간부들도 이해가 안 간다고 했습니다. 군 복무를 회피하기 위해서 거짓 행동을 하는 거라 생각하는 간부도 있었습니다. A 이병 심리 상태가 어떤지, 원인이 뭔지 도무지 갈피를 잡을 수 없었습니다. 소대장인 K 소위는 이대로 있을 수는 없었습니다.

먼저 A 이병을 이해하려고 노력했습니다. 신상명세서에 나와 있는 성장 과정을 읽어보고, 낮에는 짬짬이 시간을 내서 A 병사와 대화를 했습니다. 퇴근 후에는 A 병사의 관심 분야를 유튜브로 찾아보면서 배경지식을 넓혀갔습니다. 이런 노력을 2주 동안 계속했습니다. 특히 그 병사가 처한 상황을 이해하려고 깊이 고민했습니다. 그러다 문득 중학교 3학년 때 자신의 모습이 떠올랐습니다. 당시에 K 소위는 좋은 고등학교에 진학하기 위해서 치열하게 준비했는데도 원하던 학교에 못 갔습니다. 그 당시 K 소위는 그토록 간절히 원했던 목표를 이루지 못하고 삶의 의미를 상실했습니다. 무엇을 해야 할지 모르는 상황에서 떠밀려 가듯이 무작정 집 근처에 있는 학교로 진학했습니다.

A 이병의 지금 상황이 마치 자신이 중학교 3학년 때 처한 상황처럼 느껴져서 연관 지어 생각하게 되었습니다. A 이병은 본인이 원하는 대학에 못 가고 군대에 왔습니다. A 이병 관점에서 바라보는 군대는 정말로 재미없겠다라는 생각이 들었습니다.

원하던 학교 진학에 실패했을 때 마음은 어땠는가? 죽고 싶다는 생각도 들었습니다. 누구도 만나기 싫었습니다. K 소위는 그 당시의 자신으로 돌아가서 심리 상태를 생각해 보았습니다. 그리고 그 당시 감정 상태로 지금 A 이병의 상황을 바라보았습니다. K 소위는 A 이병의 관점으로 다가서서 질문하고 대화했습니다. 그러자 A 이병과 K 소위 사이에 가로막힌 벽에 미세한 균열이 일어나기 시작했습니다. A 이병은 K 소위에게 점점 마음을 열었고 서로 진심이 담긴 대화를 시작했습니다. 놀라운 일이 일어난 것입니다.

그러던 어느 날 평소처럼 A 이병과 대화를 하는데 이전에 보이지 않던 표정이 보였습니다. 겉으로는 분명 웃고 있었는데 K 소위 눈에는 (마음속의) 슬픔을 숨기기 위한 억지웃음처럼 보였습니다. 또한 A 병사가 하는 말도 다르게 들리기 시작했습니다. 높은 톤의 밝은 목소리에는 미세하지만, 불안감과 떨림이 느껴졌습니다. 좌절과 불안함으로 인한 무기력함이 소극적인 모습으로도 비쳐졌습니다. 그때 K 소위는 A 이병에게 요즘 마음이 어떠냐고 물었습니다.

누구나 상대방이 공감해준다고 느끼는 순간 마음속에 있는 말들을 하게 됩니다. 드디어 A 병사가 속마음을 꺼냈습니다.

"저는 그동안 군 생활의 의미를 찾지 못했습니다. 이제는 군에서 꿈을 찾고 의미 있는 시간을 보내고 싶습니다."

표현의 한계가 있고 생각을 충분히 정리한 상태가 아니어서 A 병사는 구체적으로 자신이 무엇을 하고 싶은가는 말하지 않았습니다. 그런데도 이 병사가 어떤 꿈을 이루고 싶은지가 대화 가운데 묻어 나왔습니다. K 소위는 직감적으로 'A 병사가 선생님이 되고 싶어 하는구나'라고 생각했는데 A 병사도 "저는 본래 가르치는 것을 좋아해서 선생님이 되고 싶다"라고 했습니다.

진솔한 대화 이후에 A 병사는 군대를 자신의 꿈을 향한 공부가 가능한 의미 있는 장소라고 생각했습니다.

그 후로 A 병사는 관점을 전환해서 군 생활에 의미를 부여하고 있었습니다. 목표를 잃어버린 A 병사에게 희망이 생기는 순간, 그의 눈빛은 빛나고 있었습니다. 소설에서나 읽었던 감동적인 장면이 눈앞에서 일어나고 있었습니다.

이 사례를 보면서 어떤 생각이 들었나요? 저는 사람을 제대로 공감하려면 깊은 이해와 노력이 필요하다는 것을 느꼈습니다. 그리고 생각해보았습니다. '나와는 다른 상대방을 공감하기 위해서 얼마나 노력하고 있는가?'

비만인 고객의 누드 사진을 왜 찍을까?

북유럽 한 나라에 비만 치료에 탁월한 성과를 내는 특이한 센터가 있습니다. 여기서는 식이 요법, 운동 요법, 약물 치료, 수술 등을 일절 하지 않습니다. 그럼에도 환자들의 만족도가 매우 높다고 합니다. 이유가 뭘까요? 이 센터에서는 비만인 고객이 오면 먼저 누드 사진을 찍습니다. 형편없이 찍는 사진이 아니고 자신의 현재 모습을 작가가 예술적으로 찍는 누드 사진입니다. 그 사진을 크게 인화해서 고객이 가장 잘 볼 수 있는 곳에 걸어놓고 수시로 보게 합니다. 먹고 싶은 충동이 일어날 때마다 자기 몸의 누드 사진을 또렷하게 계속 떠오르게 하는 거죠. 그 사진을 생각하며 고객은 알아서 식사량을 줄이거나 운동을 합니다. 스스로 해결을 주도하게 만드는 효과적인 방법이죠.

공감도 이와 같습니다. 상대방의 처지와 마음이 거울에 비치듯 또렷하게 보이면 공감은 절로 일어납니다. 공감을 받은 상대의 속마음은 더 열리고 속마음에 있는 자기 기억이나 생각을 계속 이야기하게 됩니다. 그럼 어떻게 해야 상대의 처지와 마음을 볼 수 있을까요? 질문하면 됩니다. 그래서 상대방에 대해서 관심을 가지고 구체적인 질문을 던지는 사람이 공감을 잘 끌어내는 사람입니다.[9]

처음부터 구체적인 질문을 할 수는 없습니다. 일단 "요즘 마음이 어때?"라고 물어보세요. 그러면 누구나 순간 멈칫할 것입니다. 자기 마음에 대해서 관심을 가져주니 당황하는 거죠. 이때 잠시 기다려 주세요. 그러면 상대가 자신의 처지와 입장을 조금씩 이야기할 것입니다. 그 이야기를 관심 있게 듣고 질문을 이어 나가면 점점 상대의 처지와 입장이 또렷하게 떠오를 것입니다.

공감 능력은 타고난 개인차가 있지만 개발할 수 있습니다. 미국 화이자 제약 회사의 회장을 역임한 제프 킨들러Jeff Kindler는 다음과 같은 방법으로 경청과 공감을 의도적으로 훈련했습니다.

"매일 아침, 나는 1센트 동전 10개를 왼쪽 바지 주머니에 넣고 집을 나섭니다. 회사에서 직원들과 대화할 때 충분히 공감해 주었다고 판단되면 왼쪽 주머니에 있는 동전 하나를 오른쪽 주머니로 옮기죠. 저녁에 퇴근하면 오른쪽 주머니로 옮겨간 동전의 개수만큼 10점씩 점수를 줍니다. 10개의 동전이 옮겨갔으면 '100점'을 주는 거죠. 저녁마다 100점을 받기 위해 날마다 노력합니다."

공감 능력 개발의 첫 단계는 필요성과 절박성을 깨닫는 것입니다. 저는 셋째 아이가 "아빠는 공감 능력이 없어요"라는 말을 했을 때 충격을 받고 공감을 공부하기 시작했습니다. 먼저 공감의 필요성을 깊이 느끼고, 하나씩 배우고 익혀 나가면 어느새 공감 능력이 쑥쑥 올라갈 것입니다.

04
공감 장애물을 걷어내라

"어떤 장애물들이 공감을 방해할까요?"

충·조·평·판(충고, 조언, 평가, 판단)을 멈추세요

누군가 고민과 상처, 갈등을 이야기할 때 '충·조·평·판(충고, 조언, 평가, 판단)'을 하면 상대방의 마음은 어떨까요? 도움이 되라고 한 말들이 오히려 비수가 되어 상대방 가슴에 꽂히는 경우도 생길 수 있습니다. 우리는 일상의 대화 중에 자기도 모르게 '충·조·평·판'을 사용합니다.[10] 아래 대화에서 사용된 '충·조·평·판'을 찾아보세요.

중대장: 대대장님이 저한테 왜 화를 내는지 모르겠습니다. 제가 못마땅한가 봅니다.

작전과장: 그런 생각을 왜 하는데, 잊어버려. 그러려니 하고 살아. 너한테 좋을 게 하나도 없어.(충고, 조언)

김 대위: 우리 과장님하고는 전혀 말이 안 통해요. 같이 근무하기 정말 힘들어.

이 소령: 네가 변해야지. 너를 낳아준 부모를 못 바꾸듯이 상급자는 못 바꾼다. 부하들 편하게 해 주는 상급자는 없어. 힘들수록 상급자 탓하

지 말고 네가 더 열심히 하고 배우려는 자세를 가져야지. (충고, 조언)

통신장교: 요즘 삶의 의욕이 안 생겨. 열심히 해도 야단만 맞고 되는 게 하나도 없어.

인사장교: 너만 힘든 거 아니야. 다른 간부들도 다 힘들어. 매사에 긍정적인 생각을 가지고 살아보면 달라질거야. (충고, 조언)

소대장 A: 중대장님이 요즘 유난히 지적을 많이 해서 너무 힘들어.

소대장 B: 네 수준이 아직 미숙해서 그래. 업무 수준을 높여 주려고 그런 거야. 이럴 때일수록 더욱 긴장하고 열심히 근무해. (평가, 판단)

실무자 A: 한 달에 한 번 휴가 나가는데도 눈치가 보여. 언제 마음 편히 휴가 갈 수 있을까?

실무자 B: 네가 할 일을 제대로 하고 휴가 가면 누가 뭐라고 하겠니. 상급자 부담 안 되게 미리미리 업무를 마치는 게 중요한 거야. (평가, 판단)

위 대화들을 들어보면 어떤 기분이 드나요? 숨이 탁 막힐 거예요. 고통을 호소하는 사람의 마음을 전혀 생각하지 않고 '충·조·평·판'을 날리고 있습니다. 고통 속에 신음하면서 마음을 알아주기 원하는 사람들에게 '충·조·평·판'은 아무런 도움이 되지 않습니다. 물론 충고나 조언이 필요하죠. 하지만 상대방이 원하지 않는 충고나 조언은 아무리 좋은 말이어도 오히려 상대방의 마음을 아프게 할 뿐입니다. 충고나 조언을 해 주는 사람보다 자기 마음을 알아주는 사람과 대화하고 싶다는 것을 기억하세요.

5가지 공감 장애물

일상의 대화 중에 공감을 방해하는 장애물들이 도처에 깔려있습니다. '조언하기, 한술 더 뜨기, 가르치려 들기, 말을 끊기, 바로잡기'입니다.[11]

공감 방해 5가지 장애물				
조언하기	한술 더 뜨기	가르치려 들기	말을 끊기	바로잡기

1. 조언하기

중대장: 요즘 병사들이 훈련 참여 의지가 약해져서 걱정입니다.

작전과장: 내 생각엔 중대장이 교육을 더 시켜야해.

2. 한술 더 뜨기

김 대위: 보고서 작성이 미흡하다고 대대장님께 야단을 맞아서 속이 상하네.

이 대위: 그 정도는 아무것도 아냐. 나한테는 보고서 집어 던지면서 호통치셨어.

3. 가르치려 들기

통신장교: 과장님이 사소한 일에도 고함을 쳐서 함께 근무하기 너무 힘들어.

인사장교: 과장님 같은 독한 상급자를 모시고 근무하는 것은 정말 좋은 경험이야. 여기서 상급자에게 제대로 인정받는 법을 배워!

4. 도중에 말을 끊기

소대장: 여자친구와 헤어져서 요즘 저도 모르게 의욕이 많이 떨어졌습니다.

중대장: 그만하고 기운 내. 다른 여자친구 또 사귀면 돼.

5. 바로잡기

실무자: 요즘 우리 과 분위기가 처져서 뭔가 동기 부여가 필요해 보입니다.

부서장: 그건 네가 잘못 생각하고 있는 거야. 자기 할 일을 다들 제대로 하느라 그런 거야.

사람들은 옳은 말을 하는 사람보다 자신을 이해해 주는 사람을 더 좋아합니다. 누군가가 나와 대화하고 싶은 이유는 구체적인 답을 얻기보다 그저 털어놓고 싶어서 일 때가 많죠. 그저 잘 들어주는 것을 바랄 뿐인 경우도 많고요.

브라이언 트레이시는 "대화는 자신의 마음속에 있는 고민을 털어놓는, 일종의 카타르시스 작업이다"라고 말했습니다. 지금 내 앞에서 대화하고 있는 사람은 다른 어떤 문제보다 수천 배 더 자신의 문제에 몰두해 있다는 사실을 알아야 합니다. 치통으로 고통받고 있는 사람에게 수백만 명이 굶어 죽어가는 아프리카의 기근 이야기가 들릴 리가 만무합니다.

사람들은 누구나 '교정—반사 본능' 즉 상대방의 문제를 적극적으로 해결해 주고 싶은 욕구가 있습니다. 하지만 '교정—반사 본능'이 강해질수록 오히려 상대방은 변하지 않으려고 애를 쓴다는 것을 알아야 합니다.

자기도 모르게 불쑥불쑥 올라오는 교정—반사 본능, 충·조·평·판의 유혹을 꾹 참아야 합니다. 그리고 상대방의 속마음을 들여다보려고 노력해 보세요. 어느새 사람을 얻는 리더가 되어 있을 것입니다.

05
당신이 옳다

"말이 안 통하는 상황에서는 어떤 말을 해야 대화의 실마리가 풀어질까요?"

분명 그럴 만한 이유가 있을 것이다

"당신이 옳다."

이 말은 30년간 정신과 의사로 활동하면서 1만 2천 명 이상 사람들의 속마음을 듣고 나눈 정혜신 작가가 던진 말입니다. 그녀는 이 짧은 문장만큼 누군가를 강력하게 변화시키는 말은 이 세상에 또 없다고 말했습니다. "당신이 옳다"라는 말의 본뜻은 "네가 그럴 때는 분명 그럴 만한 이유가 있을 것이다"라는 인정입니다.[12]

자신이 옳다고 인정해 주는 힘이 얼마나 큰지를 알게 해 주는 이야기를 하나 해 드릴게요. 어느 나라에 정신이 이상하게 된 황태자가 있었습니다. 이 황태자는 자신이 소로 변했다고 철석같이 믿었습니다. 그는 "나를 빨리 도살하여 백성들이 먹어야 한다"라고 소리를 치며 주변 사람들에게 말했습니다.

나라에서는 황태자가 중병에 걸렸다고 난리가 났죠. 황태자의 병을 고치기 위해 약물도 써보고, 신에게 빌어도 보고, 이름난 의원들이 동원되었지만 모두 헛수고였습니다. 황태자를 설득해 보고, 폐위시키겠다고 협박도 해봤지만 달라지지 않았습니다. 그럴수록 황태자는 여전히 자기를 소라고 믿고, 빨리 죽여서 자신의 살점을 뜯어서 백성들에게 먹이라고 재촉했습니다. 그래도 사람들이 반응을 보이지 않으니, 그는 스스로 단식을 시작했습니다.

결국 황태자는 말라죽기 일보 직전에 처했습니다. 황태자의 죽음을 막으려고 전국을 수소문한 끝에 명의로 소문난 한 의원을 찾았습니다. 이 의원이 황태자의 병상을 찾아갔습니다. 의원과 대화를 나눈 황태자는 언제 그랬냐는 듯이 정신을 차리고 벌떡 일어났습니다. 그리고 밖으로 나가 음식을 찾아 허겁지겁 먹기 시작했습니다.

도대체 이 의원이 무슨 말을 했길래 황태자가 이렇게 변했을까요? 이 의원은 황태자에게 이렇게 말했습니다.

"황태자님은 소로 변한 게 맞습니다. 백성들이 소를 먹어야 하는데 사람들은 마른 소를 잡지 않습니다. 일단 살이 올라야 사람들이 잡습니다. 살이 오르려면 일단 음식을 열심히 먹어야 합니다."

황태자의 병을 고쳐준 이 의원이 다른 명의들과 다른 점은 무엇이었을까요? 다른 의원들은 황태자를 바꾸려고 했지만, 이 의원은 '황태자 당신이 소로 변한 게 맞다'라고 인정을 해 주었던 것입니다. 인정을 해 주니 대화가 통하고 변화의 새로운 가능성이 조금씩 열린 것이지요. 이것이 바로 '당신이 옳다'는 인정의 힘입니다.

대대장도 못 한 일을 상병이 해내다

제가 대대장으로 근무할 때 부대 생활에 유난히 적응하기 힘들어하는 A 병사가 있었습니다. 내성적인 성격이라 생활관에서도 계속 왕따를 당했습니다. 중대 간부들이 면담하고 잘해 주어도 전혀 나아질 기미가 안 보였습니다. 표정이 늘 어둡고 우울해 보였습니다. A 병사가 휴가를 나가면 복귀를 안 하거나 사고를 칠까 봐 간부들이 부담스러워할 정도였습니다.

중대장이 제게 그 병사 면담을 해달라고 건의했습니다. 대대장실로 A 병사가 왔는데 긴장하는 눈빛이 역력했습니다. 그때 저는 30분 후 중요한 회의가 계획되어 있었기 때문에 차분히 A 병사의 말을 들을 마음의 여유가 없었습니다. A 병사의 말을 간단히 듣고, 제 경험을 토대로 많은 조언을 해 주었습니다. 제 경험이 도움이 될 것으로 생각한 거죠.

잠시 대화를 나누었는데 벌써 회의 시간이 다 되었습니다. "열심히 생활해라. 앞으로 어려움 있으면 또 찾아오고"라고 말하니 힘없는 목소리로 "알겠습니다"라고 대답했습니다. 대대장실을 나가는 A 병사 뒷모습이 왠지 처량해 보였습니다.

일주일 후에 중대장에게 "그 병사는 어떻게 생활하는가?"라고 물었습니다. 중대장은 "최근에 더 힘들어해서 관리하기 힘듭니다"라고 말했습니다. 대대장인 제가 만났는데도 전혀 효과가 없었던 거죠.

그로부터 3개월의 시간이 지났습니다. 부대에 바쁜 일들이 많아 저는 A 병사를 잠시 잊고 지냈습니다. 어느 날 A 병사 중대장에게 연락이 왔습니다.

"대대장님! A 병사 요즘 부대 생활 잘하고 있습니다. 자신감도 있고 활력도 넘칩니다."

"아니, 어떻게 그렇게 된 거지?"

"저희 중대 K 상병 덕분입니다."

"K 상병이 뭘 도와준 거지?"

"특별히 도움 준 것은 없다고 합니다. A 병사가 하는 말을 들어주면서, 그래 네 말이 맞네. 나라도 그렇게 했을 거야, 이런 말만 추임새처럼 계속해 주었다고 합니다."

중대장의 말을 들으면서 한 장면이 떠올랐습니다. 저와 면담을 한 후에 고개를 떨구고 힘없이 대대장실을 나가던 A 병사의 뒷모습이. A 병사의 일을 겪으면서 저는 상대방이 힘들어하는 곳을 찾아 진심으로 공감해주는 것이 얼마나 중요한지 알게 되었습니다.

Still you!

자신의 존재 가치를 깨달으면 죽을 사람도 살아납니다. 전 세계 어린이들의 우상, 영화〈슈퍼맨〉의 주연 배우 크리스토퍼 리브Christopher Reeve는 1995년에 낙마 사고를 당해 온몸이 마비되고 숨조차 제대로 쉬지 못하는 식물인간이 되었습니다.

한순간에 식물인간이 되고 나니 자신의 신세가 너무 처량하여 죽기를 원했습니다. 의사는 보호자의 동의 없이는 산소 호흡기를 뺄 수 없다고 했습니다. 그는 결국 어머니에게 그만 살고 싶다고 자신의 의사를 전달했고, 어머니는 힘들어하는 아들의 모습을 더 이상 보기 힘들어 동의했지요. 이제 남은 것은 아내의 동의입니다. 아내마저 동의하면 그의 인생은 영원히 끝나버립니다. 아내는 크리스토퍼 리브를 보고 딱 한 마디를 했습니다.

"Still you!(여전히 당신이에요!)"

전신 마비 장애인이 되어도, 누가 뭐라고 해도 당신이 존재하는 그 자체가 나에게는 중요하다는 의미를 전달한 것이죠. 아내는 그의 존재 자체를 믿어주고 정확하게 공감해 주었고, 그의 존재 가치를 일깨워 주었던 것입니다. 크리스토퍼 리브는 아내의 말을 듣고 힘을 얻었습니다.

아내의 말을 듣고, 그는 살아보자고 결심했습니다. 이후 자신의 병을 극복하기 위해 노력을 했고, 장애인이 된 후 더 유명해졌습니다. 그는 자서전 『스틸 미*Still Me*』를 썼습니다. 'Still You!'라고 인정한 아내에게 'Still Me(여전히 나입니다)'라는 고백으로 보답한 것이죠.

존재 자체가 주목받지 못해서 생긴 허기와 결핍 상태에서는 누군가 정서적인 내 편이 필요합니다. 내 존재 자체에 대해서 주목해 주는 사람, 내 존재 자체에 대해서 옳다고 인정하고 반응하는 사람, 그 사람의 말에 누구나 진정한 위로를 받습니다.[13]

혹시 주변에 이해가 안 되고 말이 잘 안 통하는 사람이 있나요? 그 사람에게 온 체중을 실어 당신이 옳다고 말해 보세요. 힘들고 꽉 막힌 상태에서도 새로운 공간이 열리는 체험을 하게 될 것입니다.

06
그 사람의 신발을 신어보라

"가장 빠르게 상대방을 공감하는 방법은 무엇일까요?"

3년간 80대 노인으로 산 20대

"3년간의 경험으로 나는 젊은 사람들을 위해 만들어진 세상에서 노인들의 삶이 어떠한가를 제대로 알 수 있었습니다."

3년간 80세의 노파로 살았던 패트리샤 무어Patricia Moore가 한 말입니다.

패트리샤 무어는 세계적으로 유명한 미국의 노인학자이자 산업 디자이너입니다. 그는 노인들이 일상에서 어떤 불편을 겪는지 알아보고 싶었습니다. 노인들의 생활을 실제로 경험하려고 26세에 노인으로 변장을 감행하죠. 분장사의 도움을 받아 얼굴을 주름지게 만들고, 뿌연 안경을 써서 시야를 흐리게 만들었습니다. 귀에는 솜을 집어넣어 잘 안 들리게 했죠. 다리에는 철제보조기를 달고, 허리에는 붕대를 감아 꼬부랑 할머니처럼 몸을 구부렸습니다. 팔다리에는 부목을 대어 관절을 움직이기 힘들게 만들었습니다. 바닥이 울퉁불퉁한 신발을 신어 지팡이를 짚고도 절뚝절뚝 걸을 수밖에 없도록 만들었습니다.

이런 상태로 패트리샤 무어는 1979년부터 1982년까지 3년간 160개 도시를 다니며 노인들의 불편한 생활을 직접 체험하고 기록했습니다. 이 같은 체험을 통해 무어는 노인 제품 디자인의 세계를 새로운 방향으로 이끌

수 있었습니다. 바퀴 달린 가방, 양손잡이용 가위 등 노인들이 사용하기에 적합한 혁신적인 제품들을 디자인해 냈습니다. 무어는 "노인처럼 흉내만 내지 않고 정말 노인들의 처지에서 살아보고 싶었다"라고 고백했습니다.

상대를 알고 싶으면 그 사람의 신발을 신어보라는 말이 있습니다. 다른 사람의 신발을 신어보면 발이 안 맞아 금방 불편함을 느낍니다. 이처럼 충분히 고민하고 실제로 경험을 해 봐야 그 사람의 고충과 입장을 제대로 공감할 수 있습니다.

가마 메는 고통

공감Empathy은 그리스어 'Empatheia'에서 유래되었습니다. '안In'이라는 의미가 있는 접두사 'Em'과 고통, 열정이라는 의미의 'Pathos'가 합쳐진 단어죠. 즉 '그 사람의 고통 안으로 들어간다'라는 의미를 담고 있습니다. 그래서 좋은 의사가 되기 위해서는 고통받는 환자의 입장이 되어보라는 말도 합니다. 가난하게 살아본 사람은 나중에 어려운 사람들을 더 잘 이해할 수 있기 때문입니다.

사람들은 가마 타는 즐거움만 알고人知坐輿樂
가마 메는 고통은 알지 못하네不識肩輿苦

다산 정약용의 시 「견여탄肩輿歎」에 나오는 내용입니다. 억눌려서 말 못 하는 부하들의 고통과 아픔을 헤아리는 마음이 고스란히 배어 있죠. 계급과 직책이 올라가면 자기도 모르게 "나도 실무자 때 고생했다. 그 정도는 해야지"라고 하며 구성원의 고통을 당연하게 여길 수 있습니다. 현황 파악하려고 몇 시간 고생하고, 보고서 한 장 만드는 데 몇 시간씩 끙끙대며 고생하는 실무자들의 고충을 모르는 거죠.

저도 부하들 마음을 몰라주고 마음을 아프게 했던 일이 생각납니다.

제가 대대장으로 막 부임했을 때 있었던 일입니다. 병사들이 보행 간에 고개를 떨구고 힘없이 걷는 모습이 종종 눈에 띄었습니다. 경례 자세도 불량하고, 경례 구호도 패기가 없었습니다.

대대 간부들에게 책임지고 제식 훈련을 시키고 한 달 후에 소대별로 경연 대회를 하라고 지시했습니다. 한 달의 시간이 지나고 대대 연병장에서 제식 훈련 경연 대회를 했습니다. 제가 기대했던 수준보다 훨씬 못미쳐서 크게 실망했습니다.

대대 간부들을 모아 놓고 호통을 쳤습니다.

"한 달 동안이나 시간을 주었는데 이 많은 간부가 도대체 뭘 했는지 모르겠다. 앞으로 병사들이 식당 오고 갈 때 간부들을 한 명씩 배치해서 보행 자세 제대로 하는지 감독을 해라. 나도 수시로 확인하겠다."

대대장이 화를 내니 부대 분위기가 금세 경직되었습니다. 그 후로 3개월의 시간이 흘렀습니다. 모처럼 간부들과 회식을 하는데 주임원사가 어렵게 말문을 열었습니다.

"대대장님…… 예전에 제식 훈련 경연 대회 할 때 간부들이 새로 오신 대대장님께 좋은 인상을 주려고 나름대로 많이 노력했습니다. 그런데 대대장님이 저희가 노력하고 애쓴 수고와 마음은 몰라주고 화만 내서 너무 마음이 아팠습니다."

주임원사 말을 듣고 아차 싶었습니다. '내가 눈에 보이는 것만 판단하고, 간부들의 마음을 전혀 몰라주었구나'라는 생각에 간부들에게 정말 미안했습니다. 만약에 제가 제식 훈련 경연 대회를 준비하는 현장에도 가보고, 중간중간 간부들의 고충을 들어봤더라면 간부들 마음을 아프게 말하지 않았을 것입니다.

공감의 지평을 확장하자

아래 내용은 A 이등병이 미처 몰랐던 소대장의 마음을 이해하고 소대장에게 보낸 마음의 편지입니다.

"소대장님. 이병 김영민입니다. 그동안 동기들과 담배 피우면서 소대장님에 대해 불평을 자주 했습니다. 저는 소대장님이 우리 입장을 생각해 주지 않는다고 늘 불만이 많았습니다. 근데 제가 소대장님을 조금 이해하게 된 일이 있었어요. 3주 전에 소대원들과 삼겹살에 소주 마시면서 단체 회식할 때 기억나시나요? 그때 소대장님이 회식 중에 전화 받으러 잠시 밖으로 나간 때가 있었죠. 저는 화장실에 가다가 우연히 소대장님이 통화하는 소리를 우연히 들었습니다. 잠시 귀를 기울여 보니, 여자친구와 심하게 말다툼을 하고 있었습니다. 그때 저는 느꼈습니다. 나만 여자 친구 보고 싶은 게 아니구나. 소대장님도 우리와 같구나. 그 일을 겪고 나니 그동안 소대장님 마음을 몰라준 게 너무 죄송했습니다. 소대장님, 우리를 위해 수고해 주셔서 고맙습니다."

위의 사례처럼 리더와 구성원 모두가 서로의 입장과 처지를 경험해 봐야 공감을 잘할 수 있습니다. 물론 직접 경험해 보는 것이 상대방을 공감하는 제일 좋은 방법입니다. 하지만 모든 것을 다 경험하기에는 물리적으로 한계가 있습니다. 그래서 독서나 영화, 공연 관람 같은 간접 경험이 필요합니다.

"나는 책을 통해서 다른 세상이 있다는 것을 처음으로 깨달았다."

영국의 소설가 줄리언 반스Julian Barnes의 말입니다. 소설을 읽으면서 자신의 에고와 개인적 경험의 한계를 벗어나 공감의 지평을 확장해 나갈 수 있습니다.[14] 스탠퍼드대학교 신경 과학자들과 영문학자들은 어떤 사람이 소설을 읽을 때 등장인물의 느낌과 행동에 관련된 뇌 영역이 실제로 활성화된다는 사실을 발견했습니다. 저도 힘들 때, 진급이 안 되었을 때 시련과 역경을 이겨낸 사람들의 책을 보면서 위로를 얻고 힘을 냈던 경험을 했습니다. 감동적인 영화를 보면서 힘들고 어려운 순간들을 이겨낸 경험도 했습니다.

지금까지 공감의 원리와 효과로부터 공감 능력을 개발하는 방법까지 알아봤습니다.

고대 그리스의 작가 호머Homeros는 "시간이 지나면서 내 심장은 타인의 좋은 일에 반짝이고 타인의 슬픈 일에 녹는 방법을 배웠다"라고 했습니다. 공감 능력 개발, 결코 쉽지 않지만 좋은 리더가 되기 위해 배우고 갖추어야 할 중요한 자질입니다.

1. 공감의 원리와 놀라운 효과

·자기 마음을 알아줄 때 공감은 저절로 일어난다.

2. 리더의 공감 결핍 현상

·권력을 갖게 되면 눈치를 안 보기 때문에 공감 능력이 저하된다.

3. 공감은 배우고 익히는 습관이다

·공감을 잘하려면 상대방을 이해하려고 노력해야 한다.

4. 공감 장애물을 걷어내라

·충·조·평·판(충고,조언,평가,판단)이 가장 큰 장애물이다.

5. 당신이 옳다

·네가 그럴 때는 분명 그럴 만한 이유가 있을 것이다.

6. 그 사람의 신발을 먼저 신어보라

·가장 빠른 시간에 정확하게 공감할 수 있는 방법은 경험이다.

Why 나는 왜 공감을 못 할까?

What 지금 내가 공감해야 할 대상은 누구인가?

How 그 사람과 공감하기 위해서 나는 어떤 노력을 해야 하는가?

매뉴얼 4
소통

술에 취한 듯이 듣고 말하라

01
그들은 왜 침묵하는가?

"왜 우수한 엘리트 집단이 잘못된 결정을 내릴까요?"

조직 침묵 현상

말이 없습니다. 침묵이 흐릅니다. 자유롭게 의견을 제시하라고 해도 대대장의 눈을 피하고 고개만 숙이고 있습니다. 지난번 교육 훈련 발전 방안 토의 때 한 간부가 "그 방법은 합리적이지 않다고 생각합니다. 그렇게 하면 용사들만 힘들고 훈련 성과도 낮습니다"라고 했을 때 대대장이 "왜 그렇게 단순하게 생각하는가? 너는 해 보지도 않고 그렇게 말하나?"라고 여러 간부 앞에서 면박을 주었습니다. 그 후로 회의 때 대대 간부들이 말을 하지 않았습니다. 어떤 문제 제기도 하지 않았습니다. 위 사례는 제가 대대장 근무할 때 실제 경험한 '조직 침묵 현상'입니다.

왜 많은 조직에서 부하들은 침묵할까요? 심리적 안정감을 보장받지 못하기 때문입니다. 하버드 경영대학원 종신 교수 에이미 에드먼드슨Amy Edmondson은 『두려움 없는 조직The Fearless Organization』에서 심리적 안정감이란 "조직 구성원이 업무와 관련해 어떤 의견을 제기해도 불이익을 당하거나 보복당할 두려움 없이 편안함을 느낄 수 있는 상태"라고 했습니다.

심리적 안정감의 중요성을 알 수 있도록 다른 예를 들어 볼게요. A 과장은 평상시 막힘없는 소통을 강조하며 간담회를 자주 합니다. 한번은 간담회 때 B 소령이 말했습니다.

"현재 우리 과에서 관심을 가지고 추진하는 용역 업무는 비효율적인 면이 많습니다."

듣고 있던 A 과장이 눈살을 찌푸렸습니다. 간담회가 끝나자마자 A 과장이 B 소령을 호출합니다.

"야! 민감한 이야기는 사전에 과장과 조율하고 해야지! 눈치 없이 과원들 다 있는데 그런 이야기를 하나?"

그 후로 B 소령은 간담회 때마다 고개를 숙이고 일절 말을 하지 않았습니다. 다른 간부들도 말수가 점점 줄어들었습니다. 그런데도 A 과장은 "저는 과원들에게 눈치 보지 말고 하고 싶은 이야기를 다 하라고 하는데도 말을 안 해요. 그러면서 자신의 의견이 받아들여지지 않는다고 불평을 합니다"라고 합니다. 아직도 A 과장은 무엇이 문제인가를 모르고 있는 거죠.

계급이 낮을수록 상급자가 그동안 해 오던 방식에 대해 문제 제기하는 것을 두려워합니다. 문제를 제기하다가 면전에서 비판받을 수 있기 때문입니다. "그러면 네가 해봐라" 하면서 추가 과업을 받을 수도 있습니다. 고생해서 시킨 것을 했는데도 결과가 안 좋으면 "그거 봐라. 네 말이 틀렸잖아"라고 지적을 받을 수도 있습니다. 아무튼 문제를 제기하면 불이익을 당할 수 있는데 침묵하면 안전합니다. 가만히 있으면 아무 일 없는데 괜히 말을 해서 상급자와 부담스러운 관계를 떠안을 필요가 없는 거죠. 이런 식으로 '조직 침묵 현상'이 계속되면 구성원의 참신한 생각과 의견은 점점 사라질 것입니다. 어떤 문제에 대해 스스로 의문점도 갖지 않고, 아무도 굳이 나서서 문제를 제기하지 않게 됩니다.

우리나라 대표적인 혁신 기업 중 하나로 손꼽히는 현대카드는 '맞짱 토론 문화'로 유명합니다. 내 일, 남의 일의 경계가 없고, 아랫사람, 윗사람의 구분이 없습니다. 이러한 열린 토의 방식은 직원들의 심리적 안정감을 높여 현대카드가 도약하는 데 밑거름이 됐지요.

심리적 안정감과 업무 수행 기준

구성원이 열린 마음으로 창의적인 의견을 마음껏 표현하는 분위기는 리더의 손에 달려 있습니다. 리더가 군림하고 다그치면 부하들은 위축되고 침묵합니다. 평소에 부하들의 사소한 의견까지 존중해 주고, 그들의 노력을 끊임없이 칭찬할 때 심리적 안정감이 높은 조직이 됩니다. 물론 심리적 안정감이 높다고 업무 성과가 저절로 높아지는 것은 아닙니다. 심리적 안정감과 업무 수행 기준의 상호 관계를 통해 4가지 조직 유형을 알아보겠습니다.[1]

첫째, 무관심한 조직입니다. 심리적 안정감과 업무 수행 기준이 모두 낮은 조직입니다. 분위기도 좋지 않고 새로운 업무도 하지 않는 조직입니다. 업무는 제대로 안 하고 퇴근 후에 할 일만 생각합니다.

둘째, 안주하는 조직입니다. 심리적 안정감은 높으나 업무 수행 기준이 낮습니다. 공감하고 소통하면서 분위기는 좋은데 새로운 업무나 어려운 업무에 도전하지 않는 조직입니다.

셋째, 두려움이 만연한 조직입니다. 심리적 안정감은 낮은데 업무 수행 기준이 높은 조직입니다. 이 조직이 가장 문제가 되는 조직입니다. 리더가 부하들의 마음도 얻지 못한 상태에서 업무 성과에 급급하여 무리하게 업무를 추진하다가 심각한 문제를 초래할 수 있는 거죠.

넷째, 성과를 창출하는 조직입니다. 심리적 안정감과 업무 수행 기준이 모두 높은 조직입니다. 이 조직이 가장 이상적인 조직입니다. 리더가 먼저 심리적 안정감을 탄탄하게 구축합니다. 그리고 단순히 분위기 좋은 상태에서만 머무르지 않고 새롭고 어려운 업무도 과감하게 도전하면서 성과를 창출하는 조직입니다.

당신이 속한 조직은 위에 4가지 중에서 어느 구간에 속해있는지 생각해 보세요. 무엇을 보완해야 할지 떠오를 것입니다.

집단 사고의 무서운 함정

미국 예일대학교 심리학자 어빙 재니스Irving Janis는 "우수한 엘리트 집단이 잘못된 결정을 내릴 수 있다"라는 문제를 연구하면서 집단 사고 Groupthink 개념을 제시했습니다. 왜 집단 사고를 하게 될까요? 엘리트 의식에 젖어 있는 사람들의 독선, 자신의 생각대로 만장일치를 요구하는 리더, 다수의 의견을 따라야 한다는 무언의 압력이 작용하기 때문입니다. 또한, 의사 결정 시간의 촉박함, 집단의 조화를 깨뜨리고 아웃사이더가 되고 싶지 않은 조직원들의 성향 등으로 인해 집단 사고 현상이 일어납니다. 그 일이 잘되었을 때 받게 되는 보상에 대한 막연한 기대 심리도 문제입니다. 그런 기대 심리가 그 일이 잘못되어 엄청난 불행을 초래할 수 있다는 우려와 의심을 희석해 버려서 집단 사고를 하기도 합니다. 이러한 집단 사고는 구성원 사이에 호감과 단결심이 크면 클수록 더 잘 나타납니다. 어떤 일을 논의할 때, 다수의 의견이 틀렸다는 사실이 명백하고, 또 누군가는 이러한 사실을 분명히 인지하고 있어도 분위기 때문에 말을 꺼내지 못해 심각한 오판을 초래하는 경우도 많습니다. 그러다 보면 전혀 생각지도 않은 비합리적이고 비인간적인 행동들이 실제로 일어나게 됩니다.[2]

케네디 대통령의 바보 같은 결정

1961년 4월 17일 새벽. 미국은 피델 카스트로Fidel Castro 정권을 전복시키려고 쿠바의 피그스만을 침공했습니다. 거대한 8척의 미군 함정에는 1400명의 상륙 부대가 타고 있었습니다. 상공에서는 B-29 폭격기가 호위했습니다. 그러나 전쟁을 본격적으로 치루기 전에 함정 대부분은 쿠바 연안 암초에 걸렸고, B-29 폭격기는 쿠바 공군 전투기에 격추당했습니다. 상륙을 강행한 부대원들은 사살되거나 포로로 잡혔습니다. 이 사건으로 미국은 쿠바의 주권 침해 행위에 대한 비판을 받게 되었고, 쿠바와 미국 간의 관계는 급속히 냉각되었습니다.

쿠바의 피그스만 침공 사건이 실패로 돌아간 직후, 케네디 대통령은 "내가 어떻게 그렇게 바보 같은 결정을 했었지?"라고 탄식했습니다. 하지만 그는 피그만 침공을 승인할 때까지만 해도 완벽한 작전이라고 믿었습니다. 백악관 참모 어느 누구도 반대 의견을 내지 않았으니까요.

케네디 대통령과 참모진들은 전혀 의심 없이 자신들의 판단을 확신했던 거죠. 당시 백악관 회의에 고문으로 참여했던 역사학자 아서 슐레진저 2세Arthur Schlesinger Jr는 훗날 회고록에서 쿠바 피그스만 침공을 두고 "말도 안 되는 그 작전을 당장 그만두라고 하고 싶었다. 하지만 당시 토론 분위기 때문에 그 터무니없는 계획에 대한 반대 의견을 개진하지 못했다. 단순히 몇 가지 소극적인 질문을 제기하는 것 외에 내가 할 수 있는 것은 아무것도 없었다"라고 당시 분위기를 설명했습니다.

당시에 케네디 대통령의 동생이자 법무부 장관인 로버트 케네디Robert Kennedy는 슐레진저의 소극적인 질문마저 차단했다고 합니다. 로버트 케네디는 슐레진저를 따로 불러 "당신 생각이 맞을 수도 있고 틀릴 수도 있지만, 대통령은 이미 결심을 했습니다. 그러니 더는 왈가왈부하지 마세요"라고까지 했습니다.

집단 구성원이 서로 친밀감을 느끼고 똘똘 뭉쳐서 단결할수록 소수의 비판적 견해에 침묵을 강요하는 경우가 많습니다.

세종대왕이 집단 사고의 함정에 빠지지 않은 이유

조선 시대 세종대왕은 반대 의견을 말하는 사람을 곁에 두어 집단 사고의 함정에 빠지지 않고 슬기롭게 의사 결정을 한 유능한 리더였습니다. 당시에 신하들은 건국 후 태종 시대까지의 정치적 격변을 거치며 왕의 뜻을 거스르는 주장을 했을 경우 당하게 될 문책을 두려워했습니다. 그런 분위기를 타파하기 위해 세종은 반대 의견을 가진 사람이 자유롭게 말하게 했습니다. 오히려 소극적으로 발언을 하는 신하들에게 "아직도 과감한 말로 내 앞에서 논쟁하는 자를 보지 못했다. 가끔 말하는 자도 강직하게 자신의 의견을 말하지 않는다. 어째서 중론을 반대하여 논란하는 자가 없는가?"라고 말할 정도였습니다. 신하의 심리적 안정감을 최대한 보장해준 거죠. 그래서 허조처럼 소신껏 발언하는 사람이 나왔습니다.

허조는 '파저강 토벌 논쟁'에서 끝까지 세종의 생각에 반대 의견을 주장했습니다. 그는 토벌에서 발생할 수 있는 현실적인 문제점을 들면서 파저강 토벌 자체에 반대했습니다. 파병할 때 발생할 수 있는 민폐와 군량 문제, 압록강을 건널 때 큰비가 내릴 경우의 대비책 등에 대해 집요하게 따지고 지적했습니다. 허조의 이런 반대 의견은 집단 사고의 폐해를 방지하는 데 큰 도움이 되었습니다. 세종은 왕이라는 절대적 권한을 가지고 허조의 의견을 찍어누를 수도 있었지만 끝까지 들어주었습니다. 신하들의 의견을 존중하는 세종의 모습이 참 존경스럽지 않나요?

그 누구도 지휘권을 갖지 않는다

'그 누구도 지휘권을 갖지 않는다.' 3차원 컴퓨터 그래픽을 전문으로 하는 미국의 소프트웨어 회사 픽사의 회의 시스템인 '브레인트러스트 Braintrust'의 핵심 원칙입니다. 그 회의에서는 영화 제작에 참여한 사람들이 모두 모여서 서로 눈치를 보지 않고 비판하고 솔직하게 의견을 제시합니다. 브레인트러스트 회의는 고통스러운 외과 수술과도 같습니다. 참석한 사람들이 영화를 낱낱이 해부하면서, 숨이 막힐 정도로 흠결을 자세하게 부각하고 지적하고 분석하기 때문입니다. "등장인물이 강렬하지 않다. 줄거리가 뒤죽박죽이다. 에피소드가 하나도 재미없다"라는 등 혹평이 난무하기도 하지요. 작품에 대한 문제는 얼마든지 비판합니다. 하지만 사람에 대해서는 칭찬도 안 하고 비난도 안 합니다. 그러니 상사 앞에서 자신이 잘한 일을 자랑하거나 못한 일을 굳이 변명할 필요가 없습니다. 이런 과정을 통해서 영화를 개선시킬 여지를 찾기 시작하는 것이지요. 픽사의 이런 회의는 적나라한 비판을 해도 상사에게 찍혀서 불이익을 당하지 않는다는 신뢰가 있기에 가능한 것입니다.[3]

"최고 경영자로서 가장 큰 두려움은 직원들이 내게 진실을 말하지 않는 것이다."

마크 코스타Mark J. Costa 회장의 말입니다. 조직 커뮤니케이션 이론인 '켈의 법칙Kel's law'에 따르면, 피라미드형 조직에서는 직급이 한 단계씩 멀어질수록 심리적 거리감은 제곱으로 커진다고 합니다. 리더는 편하게 다가오라고 해도 구성원은 직급 간에 두꺼운 벽이 생겨서 쉽게 다가가지 못하는 거죠. 구성원의 다양한 생각과 의견을 수용하려면 리더가 먼저 심리적 안정감을 충분히 보장해 주어야 합니다.

02
지식의 저주를 피하라

"내 말을 왜 상대방이 못 알아들을까요?"

아인슈타인이 최악의 강사가 된 이유

알버트 아인슈타인Albert Einstein은 미 시사 주간지《타임TIME》에 '가장 영향력 있는 20세기 인물'로 선정될 만큼 자타가 공인하는 최고의 물리학자입니다. 상대성 이론을 발표하고 스위스 베른대학교에서 강의를 시작했을 때 그의 강의는 학생들에게 혼돈 그 자체였습니다. 심지어 열역학법칙의 기본도 제대로 설명하지 못했다고 합니다. 아인슈타인의 수업을 들은 학생들은 내용을 하나도 이해하지 못했고, 심지어는 그를 최악의 교수로 선정했습니다. 이유가 뭘까요? 아인슈타인이 알고 있는 지식의 양이 너무 많아 차고 넘치는 게 문제였습니다.

그는 학생들이 충분한 배경지식을 가지고 있다고 착각했습니다. 차라리 적당량의 지식만 알고 있는 대학원생이 강의했으면 학생들이 훨씬 이해하기 쉬웠을 것입니다. 지식과 정보는 많이 알고 있는 것이 좋습니다. 하지만 대화와 소통에 방해가 될 때 그 지식과 정보는 축복이 아니라 저주가 될 수 있다고 해서 '지식의 저주'라는 말이 생겨났습니다.

지식의 저주

'지식의 저주'는 엘리자베스 뉴튼Elizabeth Newton이 스탠퍼드대학교 박사 논문 실험을 통해 처음 소개했습니다. 한 사람이 손으로 탁자를 두드려 속으로 생각하는 노래를 연주하면, 그 노래를 다른 사람이 얼마나 알아맞힐 수 있는지를 알아보는 실험이었습니다. 두드리는 사람들은 듣고 있는 사람 중 50%는 자기 노래를 알아맞힐 것으로 예상했죠. 하지만 2.5% 사람들만 노래를 알아맞혔습니다. 모두 120개 노래를 가지고 실험을 했는데 단 3곡밖에 맞추지 못했던 거죠. 왜 못 맞췄을까요? 두드리는 사람들은 마음속으로 리듬을 타면서 연주했지만, 듣는 사람들은 그저 두드리는 박자만 들었기 때문입니다. 그런데도 두드리는 사람들은 자신의 마음속에서 연주된 리듬을 듣는 사람들도 알 수 있다고 착각했던 것입니다. 이 실험이 시사하는 바는 이미 아는 사람과 전혀 모르는 사람 간에는 이처럼 크나큰 지식의 차이가 존재한다는 것입니다.[4] 서로 알고 있는 지식의 차이 때문에 소통의 어려움이 발생할 수밖에 없는 거죠.

왜 이렇게 말귀를 못 알아듣냐

'왜 이렇게 말귀를 못 알아듣냐?'라고 답답해하는 리더는 제대로 설명을 못 해 주는 본인이 문제인 경우가 많습니다. 한 상사가 장례식장에 가려고 갓 입사한 젊은 직원에게 부의 봉투를 하나 갖다 달라고 말했습니다. 그 직원은 '부의'라는 말이 뭔지 몰라 봉투에 크게 알파벳 'V'자를 써서 책상에 올려놓았다고 합니다. 당연히 부하 직원이 '부의'라는 단어를 이해했다고 생각한 상사가 '지식의 저주'를 걸린 것이죠.

리더는 알아듣게 설명했다고 생각했는데 다음 날 현장에 가 보면 전

허 다른 모습일 때가 있습니다.

한번은 우리 과에서 외부 강사를 초대해서 간부 워크숍을 했습니다. 워크숍 장소가 대학교 강의실이라 복장은 간편복으로 하라고 지시했습니다.

강의실에 와서 보니 2명의 간부가 편안한 캐주얼 차림의 옷을 입고 있었습니다. 저는 "아니, 간편복으로 참석하라고 했는데 복장이 이게 뭐야?"라고 짜증을 냈습니다. 나중에 알고 보니 서로가 생각한 간편복의 기준이 달라서 일어난 해프닝이었습니다.

제가 생각한 간편복의 기준은 세미 정장이었는데, 그 간부들은 캐주얼 차림을 간편복으로 생각하고 있던 거죠. 제가 드레스코드 기준을 구체적으로 이야기하지 않아서 생긴 일인데 간부들 탓만 하고 짜증을 내서 미안했습니다. 이처럼 '척'하면 '착'하고 할 것이라는 생각은 의외로 생각지 않은 문제들을 야기시키기도 합니다.

알기 전 상태로 돌아가기 어렵다

구성원도 리더에게 보고할 때 자기 입장에서만 설명하면 지식의 저주가 발생합니다.

"야, 무슨 말인지 하나도 모르겠다. 제발 쉽게 설명해!"

이런 말을 리더가 한다면, 보고 받는 리더의 상황이나 지식 수준을 충분히 고려 안 했을 수 있습니다.

제가 교관으로 근무하면서 연구 강의를 할 때도 지식의 저주를 일으킨 경험이 있습니다. 저는 3개월 동안 연구한 결과를 최선을 다해서 발표했는데 듣고 있던 심사위원이 말했습니다.

"무슨 설명을 하는지 이해가 안 된다. 다음에 다시 해라."

저는 속으로 '아니 한국말도 제대로 못 알아듣나?'라고 투덜거렸습니다. 지금 와서 생각해 보니 알아듣게 설명하지 못한 제 탓이었습니다. 이처럼 지식의 저주는 일상생활에서 수시로 일어납니다.

"김 대위, 그거 가지고 와봐!"

"어떤 거 말입니까?"

"지난주에 보고한 거 말이야?"

"예? 어떤 거 말입니까?"

"아이고 참 답답하네! 내가 검토해서 준 보고서 말이야!"

'아니, 도대체 어떤 보고서를 말씀하시는 거지? 구체적으로 말씀해 주셔야지'

전문가들이 발표하는 세미나 때도 지식의 저주가 수시로 일어납니다. 발표자는 열심히 발표하는데 듣는 사람들은 늘 불평을 하죠.

"도대체 무슨 말인지 모르겠다. 박사들은 쉬운 것을 너무 어렵고 길게 발표한다니까!"

지식의 저주를 피하는 비법

어떻게 해야 이 골칫덩어리 지식의 저주를 피할 수 있을까요? 스탠퍼드대학교 교수 칩 히스Chip Heath와 듀크 기업 연구원 전문 컨설턴트인 댄 히스Dan Heath는 1700명의 사람과 40회에 걸친 실험을 통해 강력한 메시지를 만드는 6가지 비법을 발견했습니다.[5]

"단순성, 의외성, 구체성, 신뢰성, 감성, 스토리를 담아라."

단순성   의외성

구체성   지식의 저주   신뢰성

감성   스토리

이 6가지 비법을 한마디로 요약하면, 핵심을 전달하되 단순하게 구체적으로 마음에 닿게 이야기하라는 것입니다. 하나씩 알아보겠습니다.

첫째, 단순성Simplicity: 단순하게 말하라

단순의 정확한 개념은 메시지의 핵심을 찾는 것입니다. 핵심을 전달하되 간결하게 전달하는 것을 말합니다.

"문제는 경제야, 바보야!It's the economy, stupid!"

이 슬로건은 빌 클린턴Bill Clinton이 1992년 대선에서 사용한 것으로 당시 미국의 경제 문제를 간단하면서 명확하게 짚었습니다. 이 슬로건으로 조지 부시George W. Bush 정권의 실정을 부각하는 데 성공한 거죠. 이 메시지를 고안한 사람은 당시 빌 클린턴 진영의 정치고문이었던 제임스 카빌James Carville입니다. 그는 타고난 '정책 벌레'였던 클린턴이 똑 부러지게 똑똑한 점 때문에, 오히려 대중들로부터 외면받을 가능성이 있다고 판단했습니다. 그래서 클린턴이 '균형 예산' 운운하는 복잡한 정책 이슈를 들먹이는 대신, "문제는 경제야, 바보야"라는 짧고 굵은 메시지를 활용하도록 한 것입니다.

둘째, 의외성Unexpectedness: 예측할 수 없는 결론을 제시하라

사람들의 예상을 깨뜨리고, 직관에 반하는 결론을 내세워야 합니다. 허를 찔러 긴장감을 높이고, 이목을 집중시켜야 하지요. 스티브 잡스가 초경량 노트북을 개발해 발표할 때 서류 봉투에서 노트북을 꺼내서 사람들을 놀라게 했습니다. 그 작은 서류 봉투에서 노트북이 나올 것이라고 누가 상상이나 했겠습니까?

셋째, 구체성Concreteness: 이미지화하고 구체적으로 말하라

메시지를 구체적이고 상세한 이미지로 가득 채워야 합니다. 우리의 뇌는 구체적인 정보를 기억하도록 만들어져 있습니다. 구체적인 기본 정보와 지식이 없는 상태에서 추상적인 원리만 가르치면 기둥 없이 지붕부터 집을 짓는 격과 같죠. 논문이나 과학 기사를 읽다 보면 온갖 화려한 추상적 개념과 전문 용어 때문에 짜증이 날 때가 많습니다. 요리책에서 "반죽의 농도가 적당할 때까지 젓는다"라는 추상적인 요리법을 보면, 초보자들은 프라이팬을 엎어버리고 싶은 충동을 느낀다고 합니다. 초보자들은 요리를 몇 번 해 보고 나서야 비로소 '적당한 농도'가 어느 정도인지 이해할 수 있기 때문입니다.

넷째, 신뢰성Credibility을 주도록 근거를 들어 말하라

내 말을 믿게 만들기 위해 세부적 묘사와 통계, 자신이 겪은 경험을 메시지에 버무려야 합니다. 1980년대 초반 인턴이었던 배리 마셜Barry Marshal과 로빈 워런Robin Warren은 위궤양의 원인이 박테리아라는 것을 밝혀냈습니다. 하지만 사람들은 그들의 전문성에 의구심을 가졌고 과학적 지지도 얻지 못했습니다. 그러자 이들은 위궤양 환자들이 지닌 박테리아를 들이마셨습니다. 위궤양 초기 상태가 된 그들의 몸에 항생제를 복용하여 치유되는 과정을 통해 과학자들의 지지를 얻어 냈습니다. 이처럼 확실한 근거가 있어야 저항감을 없애고 자연스럽게 수용하게 만들 수 있습니다.

다섯째, 감성Emotion을 담아서 말하라

감성이 담긴 메시지는 행동하게 만듭니다. 전하는 메시지가 상대방이 중요하게 여기는 무언가와 긴밀한 관계가 있음을 보여주면 좋습니다. 2004년, 카네기멜론대학교 연구진은 아래 두 종류의 편지를 작성해서 사람들에게 보내고 기부를 요청했습니다.

1) 첫 번째 편지

• 300만 명에 달하는 말라위의 어린아이들이 식량 부족으로 고통받고 있다.

• 심각한 폭우로 인해 잠비아는 2000년부터 곡물 생산량이 42% 감소했다. 그 결과 약 300만 명의 사람들이 기아로 사망할 확률이 높다.

• 400만 명의 앙골라인들이 고향 땅을 버리고 이주했다.

• 1100만 명 이상의 에티오피아인들이 즉각적인 원조를 원한다.

2) 두 번째 편지

여러분이 기부한 돈은 아프리카 말라위에 사는 일곱 살 소녀 로키아를 돕는 데 사용됩니다. 로키아는 매우 가난하며, 끔찍한 굶주림에 시달리고 있습니다. 어쩌면 생명마저 위험해질지 모릅니다. 여러분의 작은 손길 하나가 로키아의 삶을 바꿀 수 있습니다. 여러분을 비롯한 후원자들의 도움으로, 우리 어린이 보호 재단은 로키아의 가족과 마을 주민과 힘을 합쳐 로키아를 먹이고 입히고 교육하고 기본적인 의료 혜택과 보건 교육을 제공할 것입니다.

위에 두 편지 중에 어떤 편지를 읽은 사람들이 기부를 많이 했을까요? 두 번째 편지를 읽은 사람들이 첫 번째 편지를 읽은 사람들보다 49% 더 많은 기부를 했습니다. 감성을 담은 메시지의 효과를 느낄 수 있지 않나요?

여섯째, 스토리Story로 말하라

상대방의 머릿속에 생생하게 그려지도록 말해야 합니다. 이솝 우화가 2500년이 지나도 지금까지 살아남은 이유는 '스토리'입니다. 하고 싶은 말을 이야기로 엮어서 말을 해야 오래 기억하는 거죠.

위에 6가지 비법을 자세히 보면 한가지 공통점이 있습니다. 뭘까요? 그것은 바로 듣는 사람들에게 초점을 맞추고 말한다는 점입니다. 지식의 저주는 듣는 사람의 입장을 생각하지 못해서 일어납니다. 그러니 제발 복잡하게 말하지 마세요. 지식의 저주를 피하기 위해서 최대한 단순하면서도 착착 달라붙는 메시지를 전달하기 위해 노력해 보세요.

생텍쥐페리는 "완벽함이란 더 이상 더할 것이 없는 것이 아니라 더 이상 뺄 것이 없을 때 완성된다"라고 했습니다.

03
술에 취한 듯이 들어라

"나는 어떤 듣기 성향을 가진 사람인가?"

20만 번 이상 눈꺼풀을 움직여서 쓴 책

자기의 생각을 전달하려는 인간의 욕구가 얼마나 본능적이고 강렬한가를 보여주는 사례가 있습니다.

1995년 12월 8일 금요일 오후, 프랑스의 세계적인 패션 잡지 《엘르》의 편집장 도미니크 보비Jean-Dominique가 갑자기 뇌졸중으로 쓰러졌습니다. 3주 후 의식을 회복했으나 머리끝부터 발끝까지 온몸이 마비되었습니다. 그가 움직일 수 있는 것은 오직 왼쪽 눈꺼풀을 깜박이는 것뿐이었습니다. 그는 눈썹을 깜박이는 것으로 자신의 감정과 생각을 표현했습니다. 그가 눈썹을 수없이 깜빡거리며 신호를 보낼 때 그 옆에서 언어치료사 클로드가 그 단어들을 조합했습니다. 예를 들어 클로드가 알파벳을 읽어나가면 보비는 자기가 원하는 글자에 왼쪽 눈을 깜박인 거죠. 클로드는 보비가 깜박인 알파벳을 연결해 단어와 문장을 만들었습니다. 5개월 동안 20만 번 이상 눈꺼풀을 움직여서 마침내 그는 175쪽 자서전 『잠수복과 나비』를 완성했습니다.[6] 자신의 생각을 누군가에게 전달하려는 욕구가 대단하지 않나요?

누구나 말을 잘하는 사람보다는 잘 들어주는 사람을 좋아할 수밖에 없습니다.

링컨이 친구를 부른 이유

링컨Abraham Lincoln 대통령도 위급한 상황에서 답과 조언을 듣기보다 자기 이야기를 들어 줄 사람이 필요해서 친구를 불렀다고 합니다.

1861년, 노예 제도를 반대하는 링컨이 북부의 열렬한 지지를 받으며 미국 대통령에 당선되었습니다. 노예 해방 선언과 남북 전쟁의 위기를 앞에 둔 링컨은 마음을 터놓고 의논할 사람이 필요했습니다. 옛 친구에게 편지를 보내 상의할 일이 있으니 워싱턴으로 와달라고 부탁했습니다. 백악관을 방문한 옛 친구에게 링컨은 노예 해방 선언의 타당성에 대해 몇 시간 동안이나 이야기했습니다. 노예 해방을 하지 않는다는 비난, 겁이 나서 노예를 해방하려고 한다고 비난하는 편지들과 신문 기사들을 읽어 주었습니다.

링컨은 답답함을 하소연하듯 몇 시간을 쉬지 않고 이야기했습니다. 링컨은 모든 이야기를 혼자 했고, 옛 친구는 그저 들어줄 뿐이었습니다. 링컨은 옛 친구에게 한마디 의견도 물어보지 않았습니다. 한참 동안 일방적으로 이야기를 한 링컨은 옛 친구에게 악수를 청하고 작별 인사를 했습니다. 옛 친구와 이야기하고 난 뒤 링컨의 얼굴은 훨씬 밝아 보였습니다. 링컨은 처음부터 조언을 듣고 싶어 옛 친구를 백악관에 부른 것이 아니었습니다. 링컨이 정말로 원한 것은 자신의 마음을 털어놓고, 그 말을 들어줄 수 있는 친구였던 거죠. 링컨의 이야기를 끝까지 들어준 그 친구도 대단하지 않나요?

이처럼 경청의 효과는 큰데, 경청하기가 어렵습니다.

경청은 왜 고달픈가?

저는 나쁜 습관이 있습니다. 상대방과 대화하면서 머릿속으로는 다른 생각을 종종 합니다. 당연히 말하는 사람의 말에 집중을 못 합니다. 이 나쁜 습관을 고치려고 리더십 교육 시간에 교육생들이 발표하는 내용을 수첩에 메모하면서 듣습니다.

한번은 쉬는 시간에 교육생 한 명이 제게 와서 "교관님이 메모하면서 잘 들어주니까 발표하면서 희열을 느꼈습니다"라고 했습니다. 이 말을 듣고 저는 놀랐습니다. 제가 잘 들어줄 때 상대방에게 미치는 영향이 엄청 크다는 것을 새삼 알게 된 거죠.

경청이 중요하다는 것을 모르는 사람은 없습니다. 그런데 막상 대화를 시작하면 집중해서 경청하기가 쉽지 않죠. 경청이 어려운 이유를 6가지로 정리했습니다.

첫째, 말하고 싶은 욕구 때문입니다. 하버드대학교 뇌과학자 다이애너 타밀Diana Tamir과 제이슨 미첼Jason Michell은 사람들이 자기와 관련된 이야기를 할 때 도파민을 분비하는 뇌 영역이 활발하게 움직였다는 실험

결과를 발표했습니다. 사람들이 자기 이야기를 할 때 쾌감을 느끼기 때문에 쉽게 말을 멈출 수가 없는 것입니다. 당연히 경청은 잘 안되는 거죠.

둘째, 칵테일 파티 효과 Cocktail Party Effect **때문입니다.** 칵테일을 한 잔씩 들고 사람들이 모여 파티를 하고 있습니다. 어떤 사람과 대화를 하는데 멀리서 누군가가 자신이 관심 있는 주제에 대해 말하는 소리가 들립니다. 그러면 내 앞에 있는 사람의 목소리보다 그 사람의 목소리에 더 귀를 기울일 때가 있습니다. 이처럼 자기가 관심 있는 내용에만 더 집중하는 것을 '칵테일 파티 효과'라고 합니다.

셋째, 시간이 없어서 경청을 못 합니다. 성과를 내기 위해 해야 할 일이 산더미같이 쌓여 있다 보니 한가하게 들을 시간이 없습니다. 저도 급한 문서 보느라 눈은 컴퓨터 모니터 화면을 보면서 귀로는 보고 내용을 들을 때도 있었습니다. 경청이 제대로 될 리가 없죠.

"뭐라고, 다시 말해봐."

저도 이 말을 자주 하고 살았습니다.

넷째, 자기 경험에 비추어 듣기 때문에 경청을 못 합니다. 들어봤자 별다른 좋은 이야기가 안 나온다. 자기 머릿속에 이미 답이 있다고 생각하니 들을 필요를 못 느낍니다.

다섯째, 상대방이 말할 때 다른 생각을 하기 때문입니다. 예를 들어 리더가 매우 중요한 일에 집중하고 있을 때, 누가 와서 보고하면 집중이 잘 안 됩니다.

여섯째, 계속되는 힘든 업무로 에너지가 방전되면 경청을 못 합니다. 부대에서 긴장하면서 업무를 하다가 퇴근 후 집에 오면 긴장이 풀어집니다. 쉬고 싶다는 생각에 들을 여력이 별로 없습니다. 그러다 보니 아내가

"당신은 도대체 내 말을 듣고 있는 거예요?"라는 핀잔을 줍니다. 그래서 경청을 잘하려면 산책, 음악, 운동, 휴식 등으로 에너지를 충전해서 좋은 컨디션을 유지하는 것도 필요합니다.

나의 듣기 성향은?

사람마다 듣기 성향이 다릅니다. 어떤 사람들은 중요한 결론부터 듣고 싶어 하는 반면, 재미있는 이야기나 일화를 이야기해 주면 몰입하는 사람들도 있습니다. 아침 시간에 더 잘 듣는 사람이 있는가 하면 오후나 저녁 시간에 더 잘 듣는 사람도 있습니다. 데이터에 익숙한 사람도 있고, 데이터를 꺼내면 금세 지루해하는 사람도 있습니다. 커뮤니케이션 전문가로 20년 이상을 경청과 듣기 습관에 대해서 연구한 래리 바커Larry Barker와 키티 왓슨Kittie Watson은 사람들의 듣기 성향을 4가지로 분류하였습니다.[7]

① 사람 지향적 듣기 성향

대화할 때 인간 관계에 어떤 영향을 미치는지에 가장 관심을 가지고 듣는 성향입니다. 상대방에게 관심이 많고 배려할 줄 아는 반면, 상대의 감정 상태에 쉽게 휘말립니다.

인사과장 K 소령은 참을성이 있고, 다른 간부들의 말을 잘 들어줍니다. 간부들 고민 생각하느라 업무에 집중 못 할 때도 있습니다.

② 행동 지향적 듣기 성향

대화할 때 업무 처리의 효율성에 가장 관심을 가지고 듣는 성향입니다. 문제의 핵심을 빨리 파악하는 반면, 상대의 말이 끝나기 전에 끼어들어 결론을 내리는 경향이 있습니다.

작전참모 A 중령은 대화 중에 핵심 파악 능력이 뛰어납니다. 실무자가 말하는 도중에도 말을 끊고 "핵심은 이거지!"라고 끼어들곤 합니다. 두서없는 이야기 듣는 것을 힘들어하죠. 궁금한 점이 있으면 따지듯이 질문을 합니다.

③ 내용 지향적 듣기 성향

대화할 때 현재 업무와 관련된 구체적이고 다양한 모든 내용을 자세하게 듣는 성향입니다. 복잡하고 어려운 내용도 기꺼이 듣는 반면, 지나치게 세부적인 내용까지 집착하는 경향이 있습니다.

사단 참모장 B 대령은 차분하고 꼼꼼한 성격이라 부하들이 보고할 때 메모를 하면서 듣습니다. 난해하고 복잡한 내용에도 귀를 기울이죠. 지나치게 세부적인 질문을 해서 부하들이 당황할 때가 있습니다.

④ 시간 지향적 듣기 성향

대화할 때 시간 관리의 효율성을 가장 중요시하면서 듣는 성향입니다. 대화할 때 시간을 효과적으로 관리하는 반면, 시간을 의식하다 보면 대화의 집중력이 떨어질 수 있습니다.

대대장 M 중령은 시간 계획을 촘촘히 수립해서 일과를 보냅니다. 간부들 면담할 때도 30분을 넘기지 않습니다. 특히 사전에 정해진 회의 시간을 초과하지 않도록 각별히 신경을 씁니다. 자주 시계를 보면서 핵심 위주로 말하라고 강조합니다.

각각의 듣기 성향은 긍정적인 면과 부정적인 면을 가지고 있습니다. 주어진 환경에 따라 대부분 사람은 위에 4가지 유형 중에서 둘 이상의 듣기 성향을 가지고 대화를 합니다. 어떤 경우 각각의 듣기 성향은 모순되지만, 어떤 경우에는 서로 보완하는 역할을 합니다. 그러니 상대의 듣기 성향과 나의 듣기 성향을 알고 이해하면 지금보다 훨씬 좋은 대화를 할 수 있을 것입니다.

술에 취한 듯이 들어라

리더의 듣기 실력은 저절로 향상되지 않습니다. 더구나 한 실험에서 사람은 상대의 말을 아무리 주의 깊게 듣는다고 해도, 말을 들은 직후 전체 내용의 절반 정도는 잊어버린다는 사실도 밝혀졌습니다.[8] 그러니 리더는 의식적으로 듣기 실력을 키워야 합니다.

중국 전국 시대 사상가였던 한비자는 왕에게 신하의 말을 들을 때는 "술에 취한 듯이 들어라"라고 조언했습니다. 함께 술 한잔 기울이며 동료들끼리 대화를 나누면 그 순간만큼은 힘들고 아픈 것들을 다 잊고 행복한 느낌을 가진 경험이 있을 것입니다.

술에 취하면 평상시 자기 사상과 주장이 희미해지고 정신이 몽롱해지죠. 한비자가 술에 취한 듯이 들으라고 한 것은 자신만의 사고나 관점을 내려놓고 상대방 입장에서 공감하며 들으라는 의미입니다.[9]

들으면서 동시에 말할 수 없습니다. 듣는 도중에 내 이야기를 하고 싶은 충동이 들 때는 마음속으로 외쳐보세요. '지금은 네가 나올 때가 아니야. 조금 기다려!' 봄날에 꽃이 활짝 필 때까지 할 수 있는 일은 기다림뿐입니다. 듣는 실력이 있는 리더는 기다림의 중요성을 아는 사람인 것이죠.

"내 귀가 나를 현명하게 가르쳤다."

세계를 정복한 칭기즈칸이 한 말입니다. 칭기즈칸은 배운 게 없어 자기 이름도 쓸 줄 몰랐지만, 항상 남의 말에 귀를 기울였습니다.

한 시대를 풍미한 왕도 잘 듣기 위해서 노력할 정도니 경청의 중요성은 아무리 강조해도 지나치지 않습니다.

04
사람을 얻는 리더는 숨은 욕구를 찾아낸다

"상대방의 욕구를 어떻게 찾아낼 수 있을까요?"

도둑과 리더의 공통점

미국의 34대 대통령 아이젠하워Dwight David Eisenhower가 컬럼비아대학교 총장으로 재직할 때 있었던 일입니다. 어느 날 교무처장이 규정을 어기고 잔디밭을 망가뜨리는 학생들을 징계해야 한다고 말했습니다. 교무처장의 말을 듣고 아이젠하워는 잔디밭에 나가 보았습니다. 중앙에 출입 금지 표지판이 있는데도 학생들은 유유히 잔디밭을 가로질러 도서관으로 가고 있었습니다. 길을 따라가면 멀리 돌아가야 하는 불편함 때문에 출입 금지 표지판을 보고도 잔디밭을 무단 횡단하고 있던 거죠. 그것을 본 아이젠하워는 교무처장에게 지시했습니다.

"잔디밭 한가운데로 지나갈 수 있는 길을 만들어 주세요."

아이젠하워는 학생들이 원하지만 말하지 않는 욕구를 파악하고 근본적인 문제를 해결해준 것입니다.[10] 학생들이 얼마나 좋아했을까요? 도둑은 물건을 훔치고, 리더는 마음을 훔친다는 말이 있습니다. 구성원의 마음을 움직이는 대화 기술에 대해서 알아보겠습니다.

같은 행동, 다른 대화

예를 들어 보겠습니다. 중요한 회의를 하는 날인데 K 간부가 회의 시작 5분이 지나서 회의실로 들어왔습니다. 회의를 주관하는 A 부서장은 자주 늦는 K 간부 때문에 짜증이 났습니다. 여러분이 A 부서장이라면 어떻게 말하는 것이 좋을까요?

1. '너'를 주어로 시작하는 대화You-message

"너는 회의 시간을 왜 안 지키는 거야?(비난) 회의 시간 잘 지키라고 내가 수없이 강조했잖아!(지적)"

우리는 상대방에게 원하는 것을 표현할 때 무의식적으로 너You라는 단어로 대화를 시작할 때가 많습니다. 나의 마음이 어떻다는 내용은 없습니다. 그래서 자기도 모르는 사이에 상대방 탓을 하게 됩니다. You-message 대화는 모든 원인을 상대방에게 두고 상대방을 비난하고 지적하는 대화 방법입니다. 설사 명백하게 자신이 잘못했어도 자신의 잘못을 지적하고 비난하면 일단 기분이 나쁠 수밖에 없지요. 자신의 잘못을 반성하기보다는 자신을 비난하는 상대방을 원망하게 됩니다.

2. '나'를 주어로 시작하는 대화I-message

"나는 네가 회의 시간을 안 지키니까(사실) 속이 상하고 실망스럽다.(감정)"

위 말을 보면, 회의 시간을 안 지킨 사실은 이야기하되, 상대를 비난하지는 않습니다. 대신에 회의 시간에 늦은 K 간부의 행동으로 인해 '내가 속이 상하고 실망스럽다'라고 표현합니다. 상대방을 탓하거나 자극하지 않고 그 사람의 행동으로 인한 나의 감정을 전달하고 있는 거죠. 이처럼 I-message 대화는 상대방을 비난하지 않고 내 생각과 감정을 전달하는 방법입니다.[11] You-message로 대화할 때는 자신이 잘못했어도 미안하다는 생각이 안 들고 반발감만 듭니다. 하지만 I-message로 대화하면 상대방은 반발감보다 죄송하고 미안하다는 생각이 더 듭니다.

3. 기대와 부탁까지 포함하는 대화

"나는 네가 회의 시간을 잘 지켜줄 것으로 생각했는데(기대) 회의 시간에 늦으니(사실) 속이 상하고 실망스럽다.(감정) 앞으로는 회의 시간을 잘 지켜줄 수 있겠니?(부탁)"

대화할 때 상대방에게 기대했다는 내용을 포함하면 상대방은 존중받는 느낌을 받게 됩니다. '네가 나의 기대에 충족하지 못해 내가 실망스럽다'고 하면 상대방은 '미안하고 죄송하다'는 생각을 하게 됩니다. 그런 상태에서 다음부터 늦지 말라고 부탁을 하면 상대는 그 기대에 충족하려고 스스로 노력하게 될 것입니다. 물론 반발심도 들지 않고요.

회의 시간에 늦은 간부의 행동은 똑같습니다. 하지만 리더가 어떻게 말하느냐에 따라 상대방의 반응은 확연하게 다르게 나타날 수 있습니다. 대화 습관을 금방 바꾸기는 어렵지만 의식하면서 꾸준히 연습하면 점점 좋아질 것입니다.

참을 수 없는 말을 들었을 때 4가지 대화 유형

이번에는 자신이 다른 사람의 비난과 비판을 받았을 때 어떻게 반응하는 게 좋은가에 대해 알아보겠습니다. 예를 들어 보죠. 사단 작전처에 근무하는 김 소령이 예하 부대 이 대위에게 업무 협조를 하다가 화가 나서 다음과 같이 말을 합니다.

"뭐 이런 간부가 다 있어! 너는 지금까지 내가 군 생활하면서 만난 사람 중에 가장 이기적인 간부야! 정말 형편없네! 자기밖에 모르고!"

이렇게 자존심을 상하게 하는 격한 말을 들었을 때 이 대위는 어떻게 대답을 할까요? 4가지 선택이 있습니다.[12] 하나씩 알아볼게요.

1. 자신의 탓으로 돌리기

"정말 죄송합니다. 앞으로 제가 더 신경을 쓰겠습니다."

이렇게 대답하면 상황은 금방 해결됩니다. 하지만 모든 책임을 자신이 떠안으면서 수치심이 들 수 있고, 자존심도 상할 수 있습니다. 물론 상대방의 감정도 완전히 해소되지 않을 것입니다.

2. 다른 사람 탓하기

"왜 그렇게 말 하십니까? 제가 이기적인 사람이라고요? 제가 김 소령님 부탁한 거 자주 들어 주었잖아요. 그런 거 다 잊어버리고 저를 보고 자기밖에 모르는 이기적인 사람이라고 하십니까? 제가 그렇게 나쁜 사람입니까?"

이렇게 대답하면 상대방은 더 큰 분노를 느낄 것입니다.

"아니 뭐라고! 어디서 배운 말투야! 이제 못 하는 소리가 없네! 두고 봐라! 내가 가만두지 않겠어!"

이렇게 되면 관계가 더 나빠져서 심한 다툼까지 일어날 수도 있어요.

3. 자신의 감정과 욕구를 포함해서 (공손하게) 말하기

"제가 가장 이기적이라는 말을 들으니 정말 마음이 아픕니다.(감정) 왜냐하면 제 나름대로는 제가 할 수 있는 범위 내에서 김 소령님이 원하는 것에 대해 최대한 협조를 해 주었다고 생각했고, 그 점에 대해서는 제대로 인정받고 싶은 마음이 컸기 때문입니다.(욕구)"

이렇게 이야기하면 상대방에게 나의 감정과 욕구를 전달할 수 있습니다. 나의 감정(정말 마음이 아픕니다)과 욕구(제대로 인정받고 싶은 마음이 컸다)를 공손하게 이야기하면 상대방은 격한 감정이 누그러질 수 있습니다. 하지만 이보다 더 큰 이점이 있습니다. 마음이 아픈 이유를 전적으로 상대방 탓으로 돌리지 않고, 내가 인정받고 싶은 욕구 때문이라고 말하니 자신의 격한 감정도 누그러뜨릴 수 있다는 것입니다.

4. 자신의 감정과 욕구, 상대방의 감정과 욕구를 함께 이야기하기

"제가 가장 이기적이라는 말을 들으니 정말 마음이 아픕니다.(자신의 감정) 왜냐하면 제 나름대로는 제가 할 수 있는 범위 내에서는 김 소령님이 원하는 것에 대해 최대한 협조를 해 주었다고 생각했습니다. 그 점에 대해서는 저도 제대로 인정받고 싶었습니다.(자신의 욕구) 어찌 되었든 화나게 해서 죄송합니다. 김 소령님이 요구한 것을 제가 좀 더 적극적으로 해 주기를 원했는데(상대방 욕구), 제가 그렇게 못 해 드리니 화가 많이 나고 크게 실망하신 거죠?(상대방 감정)"

자신의 감정과 욕구, 상대방의 감정과 욕구까지 제대로 의식하고 공손하게 말해 주면 100점입니다. 물론 이런 대화를 실생활에서 적용하기가 쉽지 않습니다. 순간 감정이 격해지면 생각할 겨를도 없이 비난하는 말부터 쉽게 나오기 때문이죠. 감정과 욕구를 사용하는 대화를 계속 연습하면 대화 기술이 점점 좋아지는 것을 느낄 수 있을 것입니다.

말하지 않는 상대방의 욕구를 파악하라

대화할 때는 자신의 욕구도 표현하고, 상대방의 욕구도 파악해야 합니다. 자동차 왕 헨리 포드Henry Ford는 "마차 바퀴를 크게 만들어 주세요. 마차 바퀴를 네 개로 해 주세요"라고 말하는 고객들의 말 속에서 빨리 이동하고자 하는 사람들의 욕구를 찾아냈습니다. 사람들의 간절한 욕구를 파악한 포드는 생필품처럼 사용할 수 있는 자동차를 만들어 세상을 변화시킬 수 있던 거죠.

이처럼 인간은 매 순간 자신의 욕구에 따라 움직입니다. 그런데 많은 사람이 욕구를 잘 표현하지 못하고 상대의 욕구도 잘 파악하지 못합니다.

'너는 나를 한 번도 이해한 적이 없어'라고 누가 말하면, 실제로는 '나는 이해받고 싶다'는 자신의 욕구를 돌려서 말한 경우가 더 많습니다.

욕구와 감정을 표현하면 자기 의사는 명확하게 전달됩니다. 하지만 우리나라 사람들은 욕구와 감정을 표현하는 대화를 매우 어려워합니다. 왜 그럴까요? 체면 문화 때문입니다.[13] 배가 고파도 배고프다고 말을 안하고 참습니다. 어떤 사람은 자기의 욕구를 직접 말하면 "저런 말까지 하나? 저 사람 참 이기적이다"라는 말도 들을 수 있다고 염려합니다.

　말을 안 해도 자신이 원하는 걸 누가 알아서 해 주어야 체면을 세워주는 것이라 생각합니다. 이처럼 알아서 잘 해 주기를 원하는 심리가 강할수록 '이심전심'에 대한 갈망은 더욱 커집니다. 그래서 우리나라 사람들이 생각하는 커뮤니케이션의 최고 상태는 '이심전심'입니다. 그러나 '이심전심'을 중심으로 소통하다 보면 오해가 발생할 수 있습니다. 말하지 않는 리더의 의중을 파악하기 위해서 구성원은 엄청난 에너지를 쏟아야 합니다. 오히려 리더의 마음을 맞추려다가 '동상이몽'이 될 수도 있습니다.[14] 조금 어색하더라도 자신의 욕구를 적절하고 부드럽게 표현하는 연습을 해 보세요. 물론 상대방의 욕구도 말해 보세요. 이렇게 하다 보면 불필요한 오해나 추측이 많이 줄어들 것입니다.

05
표현이 말의 생명이다

"어떻게 말을 해야 상대방이 가슴 뭉클하게 느낄까요?"

옳은 말도 기분 좋게 하라

"옳은 말도 기분 좋게 하라. 당할 자가 없다."

경희대학교 이동규 교수의 두 줄 칼럼에 나오는 말입니다. 저는 이 글을 읽고 '정말 맞다'라며 손뼉을 쳤습니다.

상급자가 저에게 옳은 말이라고 해 주는데 상처받은 적이 한두 번이 아니었습니다. 저 역시 부하들에게 옳은 말이라고 이야기해 주었는데 그들도 많은 상처를 받았겠지요.

집에서도 옳은 말을 하는 저에게 아내가 상처받고 아이들이 상처받습니다. 아내와 아이들이 저를 위해서 해 주는 말에 제가 상처를 받기도 했습니다. 분명히 누군가를 위해서 해 주는 옳은 말일 것입니다. 그런데도 상처받고 또 상처받습니다.

한번은 제가 중대장으로 근무할 때 진지 공사 시범 교육을 보인 적이 있었습니다. 무더운 여름날, 땅을 파고 진지를 만드느라 온몸이 땀으로 흠뻑 젖었습니다. 중대원들과 최선을 다해 시범을 보였습니다.

그런데 대대장님이 진지 규격이 안 맞는다며 심하게 지적했습니다. 고생해서 준비했는데 지적만 받으니 저뿐만 아니라 중대원들도 사기가 떨어졌습니다. 사실은 진지 규격에 맞게 했는데 대대장님이 정확하게 모르고 지적을 해서 더욱 억울했던 것이죠.

부대에 복귀하자마자 대대장실로 관련 교범을 들고 찾아갔습니다.

"대대장님! 교범에 나온 대로 진지 공사 제대로 했습니다. 고생해서 시범을 보였는데 칭찬 한마디 없고 심하게 지적하니 너무 속이 상합니다."

제가 흥분해서 따지듯이 말하니 대대장님도 불쾌한 표정으로 말했습니다.

"야! 너는 말투가 왜 그 모양이냐? 교범이고 뭐고 볼 필요도 없다. 다 가져가라."

이 일로 대대장님도 상처받고 저도 상처받았습니다.

"옳은 말을 기분 좋게 하라."

솔직히 말은 쉽지만 실천하기는 얼마나 어렵나요? 그래서 저는 일단 옳은 말을 기분 좋게는 못 하더라도 기분 나쁘게는 하지 말아야겠다고 계속 노력하고 있습니다.

가슴 뭉클한 한마디

말 한마디가 긍정적인 영향을 미쳐 부하의 삶을 변화시킨 감동적인 사례가 있습니다. M 중위는 14개월 동안 소대장 생활을 마치고 이제 새로운 직책으로 옮겨야 했습니다. 소대장을 마치면 누구나 참모 직책을 선호합니다. M 중위도 참모 직책을 희망했는데, 기대와는 다르게 본부 중대장으로 임명되었습니다.

M 중위는 겉으로 내색은 안 했지만 속으로 '내가 대대장님께 인정을 못 받았구나'라고 생각했습니다. 당시 본부 중대는 크고 작은 사고들이 일어

나고 있고 선임병들 간에 갈등도 있었습니다. M 중위는 부대를 진단하고 식별된 문제를 중대원들과 소통하면서 하나씩 조치해 나갔습니다.

3개월이 지났습니다. 이제 중대는 사고도 없고 분위기도 좋아졌습니다. 어느 날 대대장과 전 간부들이 회식할 때였습니다. 회식 분위기가 무르익어가는데 대대장 A 중령이 간부들이 보는 데서 M 중위 이름을 부르며 불쑥 한마디 했습니다.

"야, 민기야! 너 참모 직책을 못 해서 아직도 서운하냐? 참모 행정 업무는 미흡하면 내가 도와서 하면 된다. 하지만 병력을 다루는 본부 중대장 일은 내가 도울 수가 없다. 그래서 나는 제일 잘하고 믿는 놈을 본부 중대장으로 쓴다."

한쪽에서 대대장의 말을 듣고 있던 M 중위는 마음속 깊은 곳에서부터 뿌듯함이 느껴졌습니다. 대대장이 자신을 인정하고 있다는 사실에 가슴이 뭉클했습니다.

대대장 A 중령의 한마디는 M 중위가 전역하지 않고 직업 군인의 길을 선택하는 데 큰 영향을 주었습니다. M 중위는 아직도 그때를 생각하면 마음이 뭉클하다고 말하곤 합니다. 결국 대대에서 M 중위 혼자 장기 복무자로 선발되어 지금도 열심히 군 생활을 이어가고 있습니다.

당시에 만약 대대장이 제일 잘하는 간부를 본부 중대장으로 쓴다는 말을 안 했으면 지금까지 M 중위는 서운하게 생각하고 살아갈 수도 있습니다. 말을 안 하면 모릅니다.

입술에 3초, 가슴에 30년

아무 생각 없이 던지는 말 한마디가 마음의 상처를 줍니다. 제가 실무자 시절에 보고서 작성하느라 밤늦게까지 야근을 한 적이 있습니다. 다음 날 과장님이 출근하자마자 보고서를 대충 보더니 "야! 보고서가 이게 뭐냐, 형편없다"라고 했습니다. 저는 그 말을 듣고 온몸에 힘이 쫙 빠지고 피곤이 몰려왔습니다.

유격 훈련 중에 사단 교훈 참모 B 중령이 훈련장 현장 점검을 왔습니다. 그는 사단 지침대로 훈련을 안 한다고 몇 가지를 지적했습니다. 교훈 참모가 떠나고 대대장이 K 소령을 불러서 "너는 중위만도 못해"라고 했습니다. K 소령은 10년이 지난 지금도 그 말이 기억에서 사라지지 않는다고 말합니다. 이처럼 한마디 좋은 말이 한 사람의 인생을 바꾸기도 하고, 무심코 내뱉은 말이 평생 가슴에 상처로 남는 경우도 있습니다.

특히 뒷담화 충동을 주의하세요. 물론 뒷담화를 하면 스트레스가 해소되고 함께 험담하면 친해지는 효과도 있습니다. 효과가 좋은 만큼 부작용도 많습니다. 상급자에 대한 뒷담화는 절대 그냥 머무르지 않습니다. 최악의 상황은 뒷담화 내용이 당사자에게 전달되는 겁니다. 그러면 순식간에 관계가 악화하죠. 뒷담화! 만족은 순간이고 후회는 길다는 것을 꼭 기억하세요.

"개에 물려 다친 사람은 반나절 만에 치료를 마치고 돌아갔습니다. 그리고 뱀에 물린 사람은 3일 만에 치료를 마치고 갔습니다. 그러나 말[言]에 다친 사람은 아직도 입원 치료 중입니다."

어느 병원 게시판의 문구입니다. 무심코 내뱉은 말이 얼마나 독하고 치명적인지 실감 나게 해 주는 말입니다. 참지 못하고 순간 입에서 나간 말이 상대방의 가슴에 30년간 남을 수 있습니다.

원망을 사는 대화

"야! 너는 지금까지 뭘 했나? 내가 지시한 사항들이 하나도 준비 안 되었네. 도대체 정신을 어디에 두고 근무하는 거냐?"

대대 작전과장 K 소령은 흥분한 상태에서 통신소대장 B 중위를 심하게 나무랐습니다. B 중위는 자존심이 상하고 모멸감을 느꼈습니다.

B 중위는 사단 감찰실에 K 소령이 자신의 인격을 모독했다고 민원을 제기했습니다. 사단장은 전화로 "앞으로 그런 일 없도록 해라. 초급 간부들 감정 상하지 않도록 잘 지도해 주어야 한다"라고 말했습니다. 차분한 목소리였습니다. 대대장은 엄중하게 경고했습니다.

"잘못은 지적하되 모멸감을 느끼게 하면 안 된다. 앞으로 이런 일이 없도록 하라."

K 소령은 사단장과 대대장의 말을 듣고는 거부감이 들지 않았습니다. 문제는 여단장과 대화였습니다. 여단장이 K 소령을 만나러 직접 부대로 찾아왔습니다. 여단장은 대뜸 K 소령에게 "야! 너는 왜 이렇게 강성이냐?"라고 따지듯이 물었습니다. 여단장은 일방적으로 30분간 K 소령의 잘못한 행동에 대해 심하게 꾸짖고 돌아갔습니다. K 소령은 마음의 상처를 크게 받고, 반발감까지 들었습니다. '부대를 위해서 고생한 나의 수고를 하나도 몰라주고 야단만 치는구나.' 똑같은 상황에서 상대방이 말을 어떻게 하느냐에 따라 K 소령이 받아들이는 태도는 전혀 달랐습니다.

이처럼 원망을 사는 대화를 하지 않으려면 대화를 방해하는 걸림돌이 무엇인지 알아야 합니다.

대화를 방해하는 걸림돌

길을 가다가 돌부리에 발이 걸리면 넘어집니다. 대화 중에도 돌부리 같은 걸림돌이 수시로 등장합니다. 대화를 방해하는 4가지 걸림돌에 대해서 알아보겠습니다.[15]

1. 명령, 강요

"이거 하지 마. 내 지시야. 내가 시키는 대로 해!"

"매일 스마트폰만 보고 있냐? 공부 좀 열심히 해라."

이런 말투는 상대방의 성장 욕구나 잠재 능력을 무시하여 반발감을 불러일으킵니다.

2 경고, 위협

"이번에 간부 시험 평가 성적이 안 좋은 간부들은 책임을 물을 거야."

"성적 안 오르면 용돈 안 준다."

경고와 위협은 상대방에게 공포감과 굴욕감을 주어 강한 반발과 저항, 적개심을 갖게 합니다.

3 판단, 비난

"보고서에 핵심은 하나도 없네. 왜 이렇게 장황하게 작성했나?"

"당신은 항상 내 말을 주의 깊게 듣지 않아."

판단과 비난은 자존심을 짓밟고 강한 분노와 반항심을 불러일으킵니다.

4. 방어, 반박

"내가 언제 보고서 이렇게 작성하라고 했어?"

"내가 집에 오기 싫어 늦게 퇴근하는 줄 알아요?"

상대방의 비난이나 지적에 방어나 반박으로는 상대방을 설득하지 못합니다. 대화가 계속 진행되지 못합니다.

마음을 훔치는 대화

평상시 대화하면서 조금만 신경을 쓰면 기분 좋게 대화할 수 있습니다. 공감 표현 4가지 대화 기술을 하나씩 알아보겠습니다.

1. 맞장구: 상대가 더 즐겁게 말하도록 도와주는 기술

A: 나 오늘 영화관에서 영화 보려고.

B: (고개 끄덕이며) 오, 영화? 무슨 영화 보기로 했는데?

A: 전쟁 영화야, 아웃 포스트.

B: 와, 아웃 포스트! 진짜 재밌겠다.

• 공감하지 못하는 대화

A: 나 오늘 영화 보려고.

B: (고개를 가로저으며) 에이, 난 영화 재미없어. 테니스가 좋아.

2. 백트레킹Backtracking: 상대가 했던 말을 되새기며 표현하는 기술

A: 어제 야근을 했는데 아직도 못 끝낸 일이 산더미 같아.

B: 야근을 했는데도 못 끝낸 일이 산더미야?

A: 언제 다 끝낼지 모르겠어. 내일도 야근해야 할 것 같아.

B: 언제 끝낼지도 모르고 내일 야근까지…… 그거 너무 심하네.

• 공감하지 못하는 대화

A: 어제도 야근했는데 언제 다 끝낼지 모르겠어. 내일도 야근해야 할 것 같아.

B: 나는 야근 할 일이 없는데…… 그러니까 미리미리 좀 열심히 하지 그랬어.

3. 페이싱Pacing: 상대와 목소리 톤을 맞추거나 표정을 매치시켜 친밀감을 조성하는 기술

A: (우울한 표정과 낮은 목소리로) 대대장님께 교육 훈련을 제대로 못 시킨다고 혼났어.

B: (측은한 표정과 낮은 목소리로) 혼나서 기분이 안 좋겠구나.

• 공감하지 못하는 대화

A: (우울한 표정과 낮은 목소리로) 대대장님께 교육 훈련 제대로 못 시킨다고 혼났어.

B: (밝은 표정과 힘찬 목소리로) 나는 보고서 작성 잘했다고 칭찬받았는데, 넌 왜 그래?

4. 반영: 말하지 않은 상대방의 감정을 파악하여 표현하는 기술

A: 작전과에 자료를 요청했는데 내 부탁을 안 들어줘.

B: 네 부탁을 안 들어줘서 실망했구나. (감정)

말하는 사람이 '실망했다'라는 감정 표현은 안 했지만 듣는 사람이 그 감정을 찾아내서 '실망했겠네'라고 툭 말해 주면 상대방의 마음 문이 열리게 되는 거죠.

• 공감하지 못하는 대화

A: 작전과에 자료를 요청했는데 내 부탁을 안 들어줘.

B: 쯧쯧쯧…… 네가 제대로 부탁을 안 하니까 그렇지, 평소에 잘 좀 지내지 그랬어.

평상시 대화 간에 맞장구, 백트레킹, 페이싱, 반영 같은 대화 기술을 꾸준히 연습해 보세요. 표현 기술이 점점 좋아질 것입니다.

모로코 속담에 "말이 입힌 상처는 칼이 입힌 상처보다 깊다"라는 말이 있습니다. 충분히 숙성되지 않은 말들이 입 밖으로 나올 때 상대에게 상처를 주게 되는 거죠.

중국의 보이차普洱茶는 40년씩이나 제 몸을 삭혀서 독성을 모두 약성으로 바꾼다고 합니다. 긴 과정을 거쳐서 발효된 보이차는 콜레스테롤을 분해하는 능력이 뛰어나고, 잠 못 드는 사람을 숙면하게 해 주는 등 일일이 열거할 수 없을 정도로 효능이 많다고 합니다. 보이차처럼 가슴속에서 충분히 숙성되어 나오는 말로 구성원의 마음을 얻는 멋진 리더들이 되도록 응원합니다.

06
전쟁도 막아 내는 질문의 마력

"생각을 자극하는 질문을 어떻게 할까요?"

질문에 눈을 뜬 계기

1943년 어느 날 에드윈 랜드Edwin Land는 어린 딸의 손을 잡고 해변을 거닐고 있었습니다. 해변의 멋진 정취와 귀여운 딸의 모습을 담은 사진을 찍기 시작합니다. 이때 딸이 아빠에게 묻습니다.

"아빠, 왜 사진을 금방 볼 수 없는 거예요?"

딸의 질문을 들은 에드윈 랜드는 순간 멈칫했습니다. '즉석 사진이라면 가능하지 않을까?'라는 생각이 번쩍 들었습니다. 딸이 그 질문을 한 지 4년 후인 1947년에 즉석카메라가 세상에 모습을 드러냈습니다. 무심코 던진 딸의 질문이 오늘날의 폴라로이드 카메라를 탄생시킨 것이죠.

질문은 본질을 꿰뚫는 힘을 키워줍니다. 질문의 효과가 큰데도 저는 리더 역할을 하면서 질문을 거의 안 했습니다. 고작 한다는 것이 따지듯 강압적인 질문만 했습니다.

"누가 이렇게 하라고 했어?"

"결론이 뭐야?"

"정확한 근거가 뭐야?"

"그래서?"

이런 식으로 질문을 하면, 구성원의 마음이 움츠러들고 위축됩니다. 그러던 제가 '질문'에 눈을 뜬 계기가 있습니다. 코칭 자격증 시험을 준비하면서 코칭 실습을 했을 때입니다. 저를 지도해 준 코치는 늘 질문을 했습니다. 저는 질문을 받으면 잠시 멈칫했는데, 곧 제 안에 잠재되어 있던 아이디어와 생각이 정리되면서 말로 나오는 것을 체험했습니다. 남이 해준 말이 아니고 제가 스스로 찾은 생각이라 더욱 가치가 있고, 실천하고 싶어졌습니다. '질문이 이렇게 효과가 있구나?'라고 깨달은 동시에 지시와 질책으로 점철된 그동안의 저의 모습이 떠올랐습니다.

그 후로 제가 간부 한 명과 운동에 관한 대화를 나눌 때 질문을 사용해 보았습니다. 평소 같았으면 제가 "운동을 열심히 해야 해, 운동은 정말 몸에 좋아"라고 일방적으로 말했을 것입니다. 이번에는 질문을 먼저 했습니다.

나: 무슨 운동을 좋아하는가?

간부: 저는 사이클을 좋아합니다.

나: 사이클이 좋은 이유가 뭐야?

간부: 페달을 밟으면서 심장이 뛰는 것을 느낄 때 살아 있다는 생각을 합니다.

그 간부의 입을 통해 나온 운동의 효과는 강렬했습니다. 지금도 잊을 수 없습니다. 이처럼 좋은 질문은 상대방의 가슴 속에 숨겨진 보석 같은 생각을 밖으로 꺼내주는 역할을 합니다.

질문으로 전쟁을 막아낸 기자

시리아 내전으로 발생한 사망자 40만 명, 난민 180만 명. 그런 상황에서 시리아 독재 정부가 민간인 지역에 화학 무기까지 살포하자, 지켜보던 미국은 마침내 군사 개입을 결정했습니다. 2013년 9월 9일, 미 국무장관 존 케리John Kerry는 기자 회견을 열고 미국의 시리아 공습 결정을 공식 발표했습니다. 기자들이 질문을 쏟아내기 시작했습니다.

"공습은 언제 이루어집니까?"

"피해 규모는 얼마나 될까요?"

"시리아의 대응은 고려하지 않습니까?"

팽팽한 긴장감이 흐르는 가운데 조용히 손을 든 기자가 있었습니다. CBS의 유명 앵커이자 기자인 마거릿 브레넌Margaret Brennan. 그녀의 질문은 기자 회견장을 순식간에 얼어붙게 했습니다.

"지금 이 시점에서 시리아가 공습을 피하려면 어떻게 하면 됩니까?"

사람들은 그녀를 의아한 표정으로 바라봤습니다. 시리아 공습이 사실화되어 공습을 전제로 한 질문들이 쏟아지고 있는 마당에, 참으로 엉뚱한 질문이었던 거죠. 존 케리 국무장관은 한동안 생각을 하다가 말문을 열었습니다.

"시리아가 다음 주까지 보유한 화학 무기를 다 내놓으면 공습은 피할 수 있겠죠."

당시 이 상황은 전 세계로 생중계되었습니다. 비슷한 시각, 러시아 외무장관 세르게이 라브로프도 미국의 기자 회견을 보자마자 즉각 반응했습니다.

"우리 러시아는 시리아가 보유한 화학 무기를 국제기구 감시하에 단계적으로 폐기할 것을 요청합니다."

시리아 정부를 암암리에 지원하고 있었지만 미국의 개입으로 인한 전쟁의 확대를 피하고 싶은 러시아로서는 당연한 입장 발표였습니다. 그러자 러시아에 의존하고 있던 시리아 외무장관 왈리드 알무알렘Walid Muallem은 기자 회견을 통해 러시아의 제안을 긍정적으로 검토하겠다고 말했습니다.

이틀 후 미국은 시리아 공습을 전격적으로 취소했습니다. 더 이상 전쟁의 명분도 없었고, 미국이 원하던 결과도 달성했기 때문이죠. 기자의 질문 하나가 시리아 공습을 막고 수많은 생명을 구한 것입니다. 이게 바로 질문의 힘입니다. 어떻게 이런 질문을 할 수 있었을까요? 기자들 대부분은 미국의 관점에서 질문했지만, 마거릿 브레넌은 시리아의 입장에서 생각을 해본 것이죠. '미국이 시리아를 공격한다는데 내가 시리아 사람이라면 어떤 생각이 들까?' 이것이 전쟁을 막은 질문의 출발점이었습니다.[16]

질문하지 않는 6가지 이유

2010년, 서울 G20 정상회담 폐막식. 오바마 대통령은 개최국인 한국 기자들에게 특별히 질문할 시간을 주었습니다.

"누구 없나요?"

정적이 흘렀습니다. 아무도 질문하지 않았습니다. 오바마 대통령은 영어로 질문해야 한다는 부담을 덜어주려고 한국어로 질문해도 된다고 했습니다. 그런데도 질문하는 사람이 없었습니다.

이때 중국 기자 루이청강이 아시아를 대표해서 질문하겠다고 했습니다. 오바마 대통령은 한국 기자에게 질문을 요청했고 말하면서 다시 한번 물었습니다.

"아무도 없나요?"

한국 기자들은 끝내 질문하지 않았습니다. 결국 중국 기자에게 기회가 돌아갔습니다. 한국 기자들은 왜 질문을 하지 않았을까요? 애초에 질문할 내용이 없어서, 질문했을 때 사람들의 반응을 의식해서, 영어로 유창하게 질문해야 한다는 압박감 등 여러 이유가 있을 것입니다. 일반적으로 사람들이 질문하지 않는 이유를 6가지로 정리했습니다.

첫째, 질문하지 않는 것이 습관화되었기 때문입니다. 수업 시간 마지막에 선생님이 "질문 있습니까?"라고 물으면 아무도 질문하지 않습니다. 이때 질문하는 학생은 주변에서 따가운 눈총을 받기도 하지요. 누군가 질문을 하면 귀찮아하거나 시간을 낭비한다고 생각합니다. 그래서 모르는 내용이 있어도 그냥 넘어가거나 혼자 해결하는 학생들이 많죠. 어렸을 때부터 주입식 교육을 받으면서 질문하는 습관을 기르지 못하고, 어느 순간 질문하기를 멈춘 게 한국 교육의 현주소입니다.[17]

둘째, 구성원이 질문하면 리더가 싫어합니다. 급하게 업무를 처리해야 하는 상황에서 리더가 어떤 지시를 합니다. 이때 "왜 그렇게 해야 합니까?"라고 물으면 리더는 답답하고 속이 터집니다. "일단 해봐! 하고 나서 말해!"라고 귀찮은 듯이, 혹은 강압적으로 말을 합니다. 이런 일을 한두 번 당하고 나면 구성원은 더 이상 질문하지 않습니다.

셋째, 개념이 없으면 질문을 못 합니다. 질문도 뭘 알아야 할 수 있습니다. 너무 모르면 아무 질문도 할 수 없는 거죠.

넷째, 무식한 사람으로 오해받을까 봐 질문을 못 하는 경우도 있습니다. 다른 사람들은 다 아는데 나만 모른다고 알려지는 사실을 두려워하는 것이죠.

다섯째, 리더는 질문하는 사람이 아니고 지침을 주는 사람이란 인식이 강하면 질문을 하지 않습니다. 물론 리더는 방향을 제시하고 지침을 주는 사람입니다. 하지만 자기가 잘 모르는데도 자기 약점을 드러낸다고 생각해서 질문을 안 하면 전혀 생각지 못한 문제가 터지기도 합니다.

여섯째, 리더가 업무 성과만 중요시하고 구성원의 성장에 관심이 없으면 질문을 안 합니다. 리더가 질문을 안 하고 지시만 하면 업무는 빨리 진행될 수 있습니다. 하지만 구성원은 자발적인 의욕도 없고 창의력도 떨어져서 결국 성장이 안 되는 거죠.

질문하는 만큼 유익하다

질문하는 것이 참 어렵지 않나요? 그래도 리더는 질문하는 만큼 유익합니다. 사람들은 일단 질문을 받으면 자신이 존중받는다고 생각합니다.

미국의 아이젠하워 대통령은 평상시 질문을 즐겨 사용했습니다. 한번은 그가 주방에서 일하는 직원에게 질문했습니다.

"자네는 이 주방일 하는 것에 대해서 어떻게 생각하는가?"

이 질문을 받고 그 직원은 감격해서 눈물을 흘리며 말했습니다.

"제가 20년 동안 이곳에서 일하는 동안 질문을 처음 받아보았습니다. 지금까지 제게 의견을 물은 사람은 단 한 사람도 없었습니다".

이 직원은 아이젠하워 대통령이 자신에게 질문했다는 그 사실 자체만으로도 자존감이 높아지고 감동한 것입니다.

구성원의 자발적인 참여를 유도하기 위해서 리더는 알고도 질문할 필요가 있습니다. 지시하면 반발감을 불러일으킬 수 있으니까요. 어느 날 마당쇠가 마당을 쓸려고 빗자루를 집어 들었습니다. 열심히 마당을 청소하려고 하는데, 이때 주인이 다가와서 "마당쇠야, 마당을 쓸어라"라고 말하면 마당쇠는 빗자루를 내팽개치고 싶을 겁니다. 이런 현상이 미국의 심리학자 잭 브렘Jack Brehm이 주장한 '심리적 반발 이론'입니다. 누가 하지 말라고 하면 더 하고 싶고, 하라고 하면 하기 싫은 심리를 말합니다.

아무리 좋은 것도 남이 시키면 흥이 나지 않습니다. 오죽했으면 '천국도 단체로 인솔해서 가면 가기 싫다'는 말을 할까요. 질문을 하면 심리적 반발을 줄이면서도 효과는 더 크게 낼 수 있습니다. 그래서 뛰어난 리더는 하고 싶은 말을 질문으로 바꿉니다.

2004년에 페이스북을 창립한 마크 저크버그Mark Zuckerberg는 기술보다 사람에 대한 깊은 관심을 중요하게 생각했습니다.[18] 그는 자신이 지향하는 가치관과 비전을 효과적으로 전달하기 위해서 질문을 만들었습니다. '이곳은 기술 회사인가?' 미국 실리콘밸리에 있는 페이스북 본사 벽면에 적혀있는 문구입니다. 이 질문이 직원들에게 사람에 대한 관심을 끊임없이 자극한다고 합니다. 만약 '이곳은 기술 회사인가?'라고 질문하지 않고 '사람을 중요하게 생각하라'고 단언했으면 직원들의 생각을 자극하지 못할 것입니다.

겸손한 질문으로 골칫덩어리 함정을 바꾼 함장

리더는 질문할 때는 겸손해야 합니다. 즉 동료와 부하들에게 진정으로 그들의 도움이 필요하다는 태도를 보여야 합니다. 1997년 7월, 미국의 해군 전함 벤폴드호에 함장으로 부임한 마이클 에브라소프Michael Abrashoff는 겸손한 질문으로 혁신을 이룬 사람입니다.

벤폴드호에는 310명의 장교와 병사들이 근무하고 있었습니다. 이 전함은 군인들이 근무하기 가장 꺼리는 배였습니다. 왜냐하면 근무와 관련한 불만 사항이 많았고, 각종 사건 사고도 끊이지 않았기 때문입니다.

마이클 에브라소프는 이 배에서 20개월을 근무하면서 질문으로 혁신을 이루었습니다. 그는 부임하자마자 310명 전원과 면담을 하면서 3가지 질문을 했습니다.

"어떤 점이 만족스럽죠?"

"개선할 사항은 무엇인가요?"

"권한이 주어진다면 무엇을 어떻게 고치고 싶습니까?"

그는 겸손하게 부하들에게 아이디어를 구했습니다. 그러자 배의 운영에 필요한 탁월한 아이디어들이 끊임없이 나왔습니다. 아이디어들은 실제로 배 운영에 반영되었습니다.

장병들은 자신들이 제시한 의견들이 반영되자 책임감 있게 업무를 하고 불만도 줄어들었습니다. 이로 인해도 함정 전체의 성과는 획기적으로 개선되었습니다. 함장이 새로 부임한 지 1년 만에 벤폴드호는 예산 25% 절감, 진급률 2.5배 상승, 창설 이래 최고의 전투 준비 지수 기록 등 놀라운 변신을 이루어냈습니다. 전투력 최하위권의 골칫덩어리 배가 1년 만에 최우수 함정으로 변화된 것이죠. 그뿐만이 아닙니다. 벤폴드호에서 도출되고 실행된 아이디어는 해군 전체로 전파되어 전투력을 높이고 비용을 절감하는 쾌거를 이뤄냈습니다.[19]

이것은 마이클 에브라소프 함장의 솔직하고 겸손한 질문 덕분에 가능했습니다. 이처럼 질문으로 자신이 이끄는 조직의 혁신을 이루기 위해서는 리더 스스로가 자신이 모르는 점, 부족한 점이 있다는 사실을 솔직히 인정하는 것이 필요합니다.

볼테르Voltaire는 "사람은 대답하는 능력이 아니라, 질문하는 능력으로 판단할 수 있다"라고 했습니다. 리더의 질문 근력을 키우는 데 도움이 되는 질문 기술을 소개해 드리겠습니다.

마음을 훔치는 리더의 질문 기술

"우리 과장님하고는 일하기 너무 어려워. 그냥 넘어갈 일도 나한테 까다롭게 구는 거 같고, 수시로 나를 무시하는 말을 하니 힘들어. 야근까지 해서 보고서를 작성해 가도 수고했다는 말 한마디 안 하고, 지적부터 하니 짜증나. 자존심이 상해서 도저히 견딜 수가 없어."

만약 같은 사무실에 근무하는 동료가 이렇게 말한다면, 당신은 어떤 질문을 해서 대화를 이어갈 수 있을까요? 5가지 질문 기술로 대화를 이어가겠습니다.

1. 열린 질문

"과장님과 근무하면서 힘든 상황 한 가지를 더 추가한다면 어떤 것이 있을까?"

"과장님과 가장 불편했던 때는 언제야?"

열린 질문은 질문받는 사람이 풍성한 생각과 의견을 꺼낼 수 있도록 설계된 질문입니다. 열린 질문의 반대는 닫힌 질문이지요. '네, 아니오'와 같은 단답형으로 종결되는 질문입니다. 닫힌 질문은 사람들의 참여를 이끄는 힘이 부족합니다.

(닫힌 질문) "과장님과 마음 터놓고 대화해 봤어?"

"네가 잘못한 것은 있어? 없어?"

2. 가설 질문

"만약 네가 과장님 입장이라면 어떤 생각을 할 수 있을까?"

"만약 시간이 충분하다면 이런 상황에서 어떤 시도를 더 해 볼 수 있을까?"

가설 질문은 현재의 제약에서 벗어나 다른 차원에서 대상을 바라보게 하는 질문입니다. 벽에 막혀 있다는 느낌이 들 때는 한 걸음 떨어져 문제를 바라볼 필요가 있습니다. 가설 질문의 반대는 현재 질문입니다. 지금 이곳에서 벌어지는 일을 확인하는 차원의 질문인 것이죠.

(현재 질문) "과장님과 관계에서 핵심이 뭐지?"

"과장님과 일하면서 가장 중요한 이슈는 뭐지?"

3. 목표 지향 질문

"지금 주어진 상황에서 최선은 무엇일까?"

"네가 활용할 수 있는 주변의 도움은 어떤 것이 있을까?"

목표 지향 질문은 목표를 성취하는 과정에서 예상하게 되는 가능성과 기대를 묻습니다. 이 질문은 힘든 상황에서도 포기하지 않고 다시 일어나게 하는 힘을 제공합니다. 목표 지향 질문의 반대는 장애 질문입니다. 장애 질문은 목표 달성을 방해하는 원인을 분석하는 질문 유형입니다.

(장애 질문) "너와 과장님의 관계에서 문제가 뭐지?"

"과장님과 관계에서 네가 실수한 것은 없니?"

목표 지향 질문을 충분히 한 후에 장애 질문을 하면 효과가 더 좋을 수 있습니다.

4. 감정 질문

"과장님에게 그런 이야기를 들으면 어떤 기분이 들어?"

"과장님과의 관계 속에서 가장 속상할 때가 언제야?"

감정 질문이란 사람의 마음에 초점을 맞추는 질문입니다. 감정 질문은 잠시 멈추게 하고 돌아보게 하는 효과가 있습니다. 감정 질문의 반대는 사실 질문입니다. 사실 질문은 근거와 사실, 데이터, 숫자 등 눈에 보이는 것들에 대한 질문입니다.

(사실 질문) "과장님이 너를 무시했다고 하는데 구체적으로 어떤 말을 했어?"

"가장 최근에 과장님이 보고서를 검토하면서 자존심 상하게 했을 때가 언제니?"

5. 중립적 질문

"지금 상황에서 네가 할 수 있는 것과 할 수 없는 것은 무엇일까?"

"네가 가장 먼저 해결해야 할 것은 뭐라고 생각해?"

중립적 질문이란, 생각과 의도를 담지 않은 질문을 말합니다. 순수하게 상대방의 의견을 듣고자 하는 질문으로 깔끔하고 담백합니다. 중립적 질문의 반대는 유도 질문입니다.

(유도 질문) "네 잘못도 있다고 생각하는데, 어떻게 생각해?"

특정한 방향으로 대화를 이끄는 의도가 엿보이는 질문입니다. 유도 질문은 상대방이 진짜 생각을 꺼낼 수 없게 하고, 질문에 대한 거부감과 상대방에 대한 불쾌감을 증폭시킵니다. 유도 질문은 가장 피해야 하는 질문입니다.

5가지 질문 기술을 보면서 어떤 생각이 드나요? 쉽지 않지만 조금씩 연습해 보면 자기도 모르게 질문 근력이 강해질 거예요.

질문으로 생각을 자극하라

저는 질문 기술을 배우고 나서 회의할 때 적용을 했습니다. 그전에는 제가 하고 싶은 말을 회의 시작과 동시에 바로 말했습니다.

이제는 회의 전에 질문을 먼저 합니다.

"지금 각자가 당장 해야 할 중요한 일은 뭔가요?"

"각자 업무를 추진하면서 제한되는 사항이나 제가 조치해 줄 내용은 어떤 게 있나요?"

이렇게 질문을 하니까 예상외로 효과가 컸습니다.

제가 지시하려고 했던 내용 중 80% 이상을 그들 스스로 말했습니다. 제가 전혀 생각하지 못했던 내용도 들을 수 있고, 제 생각보다 그들의 생각이 더 합리적일 때도 많았습니다. 저는 그저 집중해서 듣고 있다가 누락된 내용과 제 생각과 다른 부분만 언급해 주었습니다. 부서원들이 자신들의 생각을 먼저 이야기하니 회의 때 눈빛도 달라지고 참여하는 의지도 높아졌습니다.

다른 사람이 말을 해서 내 귀로 들어오면 곧바로 행동하기가 쉽지 않습니다. 내 생각과 다른 부분이 있기 때문입니다. 하지만 누군가가 좋은 질문을 하고 그 질문에 대답할 때, 대답한 당사자나 조직은 쉽게 행동할 수 있습니다. 왜 그럴까요? 자신이 할 수 있는 것을 자신이 대답했기 때문입니다.

지시를 질문으로 바꾸는 연습을 해 보세요.

"다른 대안은 없는가?"

"다른 관점으로 현 실태를 분석하면 어떤 내용이 나올 수 있을까?"

"네가 핵심적으로 하고 싶은 말은 무엇인가?"

"보고서에 미처 담지 못한 내용은 무엇인가?"

이런 식으로 생각을 자극하는 질문을 계속해 보세요. 다양한 아이디어를 얻을 수 있고, 구성원이 지금보다 한층 성장할 것입니다.

1. 그들은 왜 침묵하는가?

·리더가 심리적 안정감을 조성해야 자유로운 소통이 가능하다.

2. 지식의 저주를 피하라

·핵심을 단순하게 상대방의 언어로 와닿게 말하라.

3. 술에 취한 듯이 들어라

·자신의 사고와 관점을 내려놓고 들어라.

4. 사람을 얻는 리더는 숨은 욕구를 찾아낸다

·상대방이 말하지 않는 욕구를 파악하고 말하라.

5. 표현이 말의 생명이다

·가슴속에서 충분히 숙성되어 나오는 정제된 말을 하라.

6. 전쟁도 막아 내는 질문의 마력

·상대편 입장에서 겸손하게 생각을 자극하는 질문을 하라.

Why 왜 내 말귀를 알아듣지 못할까?

What 어떤 질문을 해야 상대방 생각을 자극할 수 있을까?

How 내 생각을 어떻게 쉽게 전달할 수 있을까?

매뉴얼 5
팀워크

다양성이 능력을 이긴다

01
성격을 이해하면 리더십도 달라진다

"똑같은 사람을 두고 왜 정반대의 평가를 할까요?"

리더가 페르소나를 쓰는 이유

"부모님을 바꿀 수 있냐? 상급자도 못 바꿔. 네가 맞춰야지."

맞는 말이지만 왠지 들으면 기분이 씁쓸한 말이기도 합니다. 결국 누구나 자기 성격대로 살 수 없다는 말입니다. 내 성격대로만 살다 보면 다른 사람들과 수시로 갈등이 생기기 때문입니다. 그래서 사람들은 각자 페르소나Persona를 쓰고 살아갑니다. 페르소나는 자신의 진짜 모습이 아닌 타인에게 보이길 원하는 모습입니다. 실존주의 소설가 카프카Franz Kafka의 예를 봅시다.[1]

카프카는 법과대학을 나와 능력을 인정받은 사람이었습니다. 보험 회사에서 관리직으로 오랫동안 일을 했지요. 그러나 카프카는 진심으로 글을 쓰는 삶을 원했습니다. 평일 저녁과 주말에 꾸준히 글을 썼습니다. 그 글들이 나중 사람들에게 알려지고 유명해졌습니다. 그의 글을 보고 기자가 카프카를 인터뷰하는 도중에 카프카는 전혀 생각지 못한 의외의 말을 했습니다.

"저는 회사 다니는 게 죽기보다 싫었습니다. 단지 먹고 살기 위해 일을 했을 뿐입니다. 퇴근 시간만 기다렸습니다. 퇴근하고 나서 저녁과 주말에 미친 듯이 글을 썼습니다."

이 이야기를 들은 기자는 한 가지 의문점이 생겼습니다. 어떻게 죽기보다 싫은 회사를 카프카는 오랫동안 다닐 수 있었을까? 기자는 궁금해서 직접 보험 회사로 달려가 카프카와 함께 일한 사람들을 인터뷰했습니다. 이럴 수가! 카프카와 함께 일한 사람들이 모두 그를 극찬했습니다.

"카프카처럼 열심히 일한 직원이 지금까지 없었습니다. 그는 최고의 동료였지요."

카프카는 회사에서 자기 본심을 전혀 드러내지 않았던 거죠. 이처럼 리더는 카프카처럼 페르소나를 어느 정도는 쓰고 살 수밖에 없습니다. 조직의 목표를 달성하기 위해서 요구되는 역할을 해내야 하기 때문이죠. 다만 원래 나는 어떤 사람인가? 저 부하는 원래 어떤 사람인가? 이것을 제대로 알고 있으면 페르소나를 쓰고 살면서도 더 좋은 관계로 지낼 수 있을 것입니다. 결국 나를 알고 타인을 제대로 이해하는 것이 중요한 것이죠.

같은 사람, 정반대 평가

"보고서에 알맹이가 없다. 내가 몇 번을 이야기했는데 이런 엉터리 보고서를 만들어 왔나?"

부서장이 두 명의 실무자에게 똑같은 질책을 했는데 실무자 성격에 따라 각자 반응이 다릅니다.

논리적인 성격의 A 실무자는 '도대체 무엇이 문제인가? 어떻게 하면 더 잘할 수 있을까?'를 고민합니다. 사교성이 뛰어난 B 실무자는 마음에 상처를 받고 힘들어하죠. 친한 친구를 불러 "나 오늘 우리 과장님 때문에 엄청 힘들었다"라고 하소연을 합니다. 기분을 풀고 다시 업무를 시작합니다. 똑같은 질책을 듣고도 각자 성격에 따라 다르게 행동하는 것이죠.

리더가 구성원의 다양한 성격을 이해하지 못하면 리더도 힘들고, 구성원도 힘들어합니다. 예를 들어 보겠습니다. 작전과장 A 소령은 내성적입니다. 성격은 다소 여리지만 일은 꼼꼼하게 잘합니다. 성격이 차분한 대대장 C 중령은 A 소령의 장점을 파악하고 서로 호흡을 맞춰가면서 많은 업무 성과를 거두었습니다.

연말 보직 교체 시기에 대대장 C 중령은 여단장에게 A 소령을 여단 작전과장으로 추천했습니다. 이때부터 A 소령은 마음고생을 수없이 하며 힘들어했습니다. 왜 그랬을까요? 성격이 불같은 여단장 때문이었습니다. 여단장은 매번 A 소령을 다그치고 재촉했습니다.

"아직도 내가 지시한 것을 안 했나? 이런 식으로 업무해서 부대가 제대로 돌아가겠나? 참 답답하다."

A 소령은 여단장의 돌직구 발언에 마음에 상처를 받았습니다. 고달픈 생활이 계속되었고 아침마다 출근이 두려웠습니다. 버티다 못해 결국 육아 휴직을 했습니다. 왜 똑같은 사람을 두고 대대장과 여단장은 정반대의 평가를 했을까요? 답은 간단합니다. 대대장은 A 소령의 성격을 이해했고, 여단장은 이해를 못 했기 때문입니다.

일보다 사람이 힘든 이유

왜 사람들이 일보다 사람이 더 힘들다고 할까요? 서로 다른 성격 탓인 경우가 많습니다. MBTI 성격 유형에 나오는 8가지 심리적 선호 경향성을 알아보겠습니다. [2]

MBTI 성격 유형

E(외향형)	———	I(내향형)
N(직관형)	———	S(감각형)
T(사고형)	———	F(감정형)
P(인식형)	———	J(판단형)

1. E(외향형) 리더 vs I(내향형) 부하

인사과장 A 소령은 에너지가 많고 속도감 있게 업무를 합니다. 판단이 빠르고 부하들에게 빠른 일 처리를 강조합니다. 식사나 휴식시간 때도 부서원들과 많은 이야기를 하면서 업무를 수행합니다. 함께 어울리고 대화하면서 일을 해야 에너지가 더 충전되는 스타일입니다.

반면에 인사장교 B 대위는 업무를 받으면 곰곰이 생각한 후에 일을 진행합니다. 혼자 조용히 있어야 에너지가 충전되고 업무도 잘됩니다. 속도감이 느린 편입니다. 그러니 인사과장이 원하는 시간에 맞춰 일을 못 하는 경우가 많습니다. 인사장교는 천천히 생각하면서 일하고 싶은데 인사과장은 수시로 회의를 소집하고 업무 진도를 체크합니다. 중간 보고를 자주 안 한다고 지적도 많이 합니다. 특히 자기도 모르는 사이에 인사과장이 등 뒤에 와서 작업하고 있는 컴퓨터 모니터를 바라보고 있으니 깜짝 놀랄 때도 있습니다. 그래서 인사장교 B 대위는 인사과장 A 소령이 무척 불편합니다. 책상에 앉아 있어도 주변이 산만해서 도무지 업무에 집중을 못 합니다. 반면에 빠른 일 처리를 원하는 인사과장 A 소령은 인사장교 B 대위가 답답하기 그지없습니다. 업무 진도를 물어보면 그제야 중간 보고를 하고 있으니 참으로 한심하다고 생각합니다.

2. N(직관형) 리더 vs S(감각형) 부하

여단장 A 대령은 세부적인 사항보다 전체적인 맥락을 중요시합니다. 작전과장 B 소령은 규정과 절차대로 정확하게 진행되는 일 처리를 좋아합니다. 세밀한 부분을 잘 감지하고, 근거가 없으면 신뢰하지 않습니다.

여단장 A 대령은 작전과장 B 소령이 관련 근거를 토대로 세밀하게 작성한 보고서를 가지고 오면 보고서를 대충 보고 한마디 합니다.

"보고서가 한눈에 안 들어온다."

그러면 작전과장 B 소령은 자신의 수고를 몰라 준다고 속으로 원망합니다.

3. T(사고형) 리더 vs F(감정형) 부하

작전참모 M 중령은 논리적이고 분석적이고 이성적입니다. 작전장교 K 대위는 주관적이고 인간적이고 감정적입니다. 작전참모 M 중령이 퇴근하면서 작전장교 K 대위에게 지침을 보완해서 내일 아침에 출근하면 볼 수 있도록 책상 위에 올려두라고 말했습니다. 아침에 출근해서 보니 보고서가 안 보입니다. 화가 난 작전참모는 당장 작전장교를 불러 다그칩니다. 작전장교는 "어제 야간까지 했는데도 아직 마무리가 안 되었습니다. 죄송합니다"라고 말했습니다. 작전참모는 "밤을 새운 것이 무슨 의미가 있나? 시간을 지켜야지. 내가 작성해서 책상 위에 올려두라고 했잖아!"라고 호통을 칩니다.

작전참모 M 중령은 딱 부러지게 업무 처리를 못 하는 작전장교 K 대위가 못마땅합니다. 작전장교는 최선을 다하는데도 위로나 격려 한번 없이 질책만 하는 작전참모에게 서운한 감정을 품고 있습니다.

4. P(인식형) 리더 vs J(판단형) 부하

정책 부서 A 대령은 상황에 따라 목적과 방향을 바꿉니다. 한가지 목표를 향해 가면서도 중간에 다른 일이 생기면 그 일에도 집중을 합니다. 책상 위에는 항상 책과 서류철이 여기저기 쌓여 있습니다. 실무자 B 중령은 체계적이고 분명한 방향 감각이 있습니다. 한가지 목표가 생기면 그 목표를 확실히 마무리해야 직성이 풀립니다. 조직화된 생활 양식을 좋아하니 책상 정리도 깔끔합니다.

A 대령은 자신이 중요하게 생각하는 여러 가지 업무를 추진하는데 실무자 B 중령이 관심을 안 가지니 서운해합니다. 부하는 '한가지 업무도 아직 마무리 안 되었는데, 도대체 무슨 일을 또 추진하는지 모르겠다'라며 힘들어합니다.

위에 8가지 성격 유형들을 보면서 어떤 생각이 드나요? 저는 리더십이 참 어렵다는 생각을 했습니다. 리더와 구성원이 최선을 다하는데도 서로 다른 성격 때문에 전혀 다르게 받아들일 수 있기 때문입니다.

아무튼 리더가 구성원의 성격 정보를 알면 여러모로 유익합니다. 예를 들어 조직의 현실태와 문제점을 파악할 때는 감각형 부하를, 현안의 의미와 장기적인 발전 가능성을 예측할 때는 직관형 부하를 활용할 수 있습니다. 실행 방안을 비교, 분석할 때는 사고형이 두각을 나타내기도 합니다. 또한 최종 결정된 사안을 실행할 때 이 사안이 모든 사람에게 도움이 될 것인가 여부를 확인할 때는 감정형이 능력을 발휘하기도 합니다.

이처럼 리더가 서로 다른 구성원의 성격을 이해하고 활용하면 조직의 발전에 많은 도움이 될 것입니다. 물론 리더뿐 아니라 구성원도 리더의 성격을 알고 이해해야 합니다.

나와 다른 상대방의 입장 차

나와 다른 상대방의 입장 차이를 이해해야 된다고 깊은 교훈을 주는 일화가 있습니다.

세계적인 경영 컨설턴트 데니스 웨이틀리Denis Waitley의 저서 『마이 시크릿 가든』에 나오는 내용입니다.

어머니와 다섯 살짜리 아들이 함께 걷고 있습니다. 거리에는 캐럴이 흘러나오고 있습니다. 호화롭게 장식된 쇼윈도는 사람의 눈길을 끌었습니다. 산타클로스 복장을 한 사람이 길모퉁이에서 춤을 췄습니다. 가게 앞에는 장난감도 잔뜩 쌓여 있습니다. 어머니는 다섯 살짜리 아들도 틀림없이 눈을 반짝거리며 기뻐한다고 생각했습니다. 그런데 이게 웬일인가요? 아들은 어머니의 코트에 매달려 무서운 듯 훌쩍훌쩍 울기 시작했습니다.

"왜 우는 거니? 울고만 있으면 산타 할아버지가 안 와요. 어머, 신발 끈이 풀어졌구나."

아이를 달래던 어머니는 풀어진 신발 끈을 고쳐주려고 길바닥에 무릎을 대고 앉았습니다. 어머니가 무릎을 대고 앉은 높이는 아이의 키높이였습니다. 그 높이에서 무심코 시선을 돌려보니 아름다운 쇼윈도 장식도 산더미 같은 장난감도 보이지 않았습니다. 대신에 너무나 무서운 광경만 보였습니다. 사람들의 기둥 같이 굵은 다리와 엉덩이가 서로 밀고 부딪히면서 지나가는 통로만 눈에 보였습니다.

어머니가 다섯 살짜리 꼬마의 눈높이에서 세상을 바라본 것은 이번이 처음이었습니다. 어머니는 너무 놀라서 즉시 아이를 데리고 집으로 돌아왔습니다. 다시는 자신을 기준으로 한 즐거움을 아이에게 강요하지 않겠다고 다짐했습니다.

위의 사례에서 어머니를 리더로 꼬마를 부하로 생각하면 서로의 관점을 이해하는 데 도움이 될 것입니다. 누구나 오랫동안 조직 생활을 하면서 굳어진 자신만의 성격과 스타일이 있습니다. 리더들은 자신의 기준대로 부하들이 행동하기를 원하지요. 그러나 부하들은 리더의 성격과 업무 스타일이 자기와 맞지 않는다며 불평을 합니다.

오랜 세월을 함께한 부부들도 부부싸움을 하는 가장 큰 원인이 '성격 차이'라고 합니다. 하물며 1~2년 함께 근무하는 리더와 부하 사이는 오죽할까요?

'나와 같아야 한다'는 생각은 타인을 고통스럽게 만듭니다. 서로 다른 것은 옳고 그름이 아니고 차이일 뿐입니다. 리더와 구성원이 서로 다른 성격을 이해하기 시작할 때 지금보다 더 행복하게 지낼 수 있을 것입니다.

02

나는 피드백이 부담스럽다

"피드백할 때 가장 큰 실수는 무엇일까요?"

피드백을 피하고 싶은 유혹

피드백Feedback이란 어떤 행동이나 일의 결과를 본인에게 알려 주는 일입니다. 저는 피드백을 제대로 배워본 적이 없습니다. 그러다 보니 부대원들을 지도하는 방식은 단순했습니다. 부대원들의 잘못된 행동이 지나치다 싶을 때는 혼이 쏙 빠지도록 야단을 쳤습니다. 그리고 나서 "다 너 잘되라고 한 말이야. 나는 뒤끝이 없어. 식사 한번 하자" 하면 끝이었습니다. 나중에 알고 보면 상대방은 마음에 깊은 상처를 받고 잔상이 오래 남아 있었습니다.

또 어떤 때는 잘못된 행동을 보았는데도 '내가 이 말을 하면 마음에 상처받지 않을까? 나에 대해서 서운하게 생각하지 않을까?' 이런 생각 때문에 끙끙대다가 말 못 하고 그냥 넘어갈 때도 여러 번 있었습니다. 혼잣말로 푸념을 하거나 주변 사람들에게 말을 한 적도 있었습니다.

"제대로 업무 하는 간부가 하나도 없어. 요즘 애들은 업무하는 자세가 왜 이래. 우리 때는 그렇게 일 안 했는데……."

이런 말들이 은연중에 부대원들에게 전해져서 관계를 더 악화시킨 경험도 있었습니다.

부대원들을 위한다고 이야기를 해 주어도 그들의 행동이 변하지 않아 힘만 빠지고 좌절감을 느낄 때도 있었습니다. 아무튼 저는 피드백만 생각하면 안 좋은 경험만 떠올라서 웬만하면 피하고 싶은 유혹을 수시로 느낍니다. 이렇게 부담스러운 피드백을 왜 해야 할까요?

피드백이 필요한 3가지 이유

피드백을 하는 첫 번째 이유는 부하들이 새로운 행동을 하도록 도울 수 있기 때문입니다. 피드백을 해 주지 않으면 늘 하던 방식에서 벗어나기 어렵습니다. 한 시대를 풍미했던 마이클 잭슨, 마돈나, 스티비 원더 같은 세계적인 가수들도 세스 릭스Seth Riggs라는 뛰어난 보컬 코치의 지도를 받고 끊임없이 개선해서 실력을 키울 수 있었다고 합니다.[3] 코치와 감독이 선수들을 피드백하지 않으면 개인이나 팀의 역량은 향상되지 않습니다. 이처럼 피드백을 주지 않는 리더는 아무런 피드백도 하지 않는 운동 코치나 감독과 같다고 할 수 있습니다.

리더가 피드백을 하는 **첫 번째 이유는 부하들이 안전지대를 벗어나 학습지대로 이동하도록 하기 위해서입니다.** 안전지대Comfort Zone, 학습지대Learning Zone, 공포지대Panic Zone는 미국의 작가이며 강연가인 댄 블루웨트Dan Blewett가 제시했습니다. 안전지대의 특징은 편안함과 익숙함 그리고 수월함입니다. 학습지대의 특징은 흥미와 도전과 긴장감이죠. 그리고 공포지대의 특징은 무서움, 두려움, 불안감입니다.[4]

공포지대
학습지대
안전지대

    편안하고 익숙함을 느끼는 안전지대에서는 스트레스도 없고 행복합니다. 같은 부대나 직책에서 1년 이상 근무를 하면 처음에 생소한 업무도 훨씬 수월하게 할 수 있습니다. 기존의 경험과 능력만으로도 쉽고 빠르게 일할 수 있으므로, 누구나 안전지대에 오래도록 머물고 싶어 합니다. 이때 리더가 피드백을 해줘야 부하들이 안전지대를 벗어나 학습지대로 이동할 수 있습니다.

    두 번째 이유는 두루뭉술하게 말하지 않고, 핵심을 전달하기 위해서입니다. 예를 들어 보겠습니다. 대대장이 아침 회의 시간에 따끔하게 질책을 하고 싶은데 부하들 마음이 상할까 봐 에둘러 말을 했습니다.

    "요즘 부대가 안정적이지 않고 좀 어수선하다. 간부들 각자가 자기 역할을 제대로 하기 바란다."

    이러한 피드백을 듣고 부하들은 어떤 생각을 할까요? 무엇을 잘못했는지 무엇을 고쳐야 하는지 도무지 알 수가 없을 것입니다.

    세 번째 이유는 과도한 질책으로 관계가 악화하는 것을 방지하기 위해서입니다. [5] 예를 들어 대대장이 인상을 쓰고 조목조목 부하들의 잘못을 지적하면 부하들은 어떤 생각을 할까요? 감정이 상해 대대장과 관계가 그 전보다 더 악화할 것입니다.

SIR(썰) 피드백 3단계

피드백은 어떻게 해야 할까요? 쉽게 이해할 수 있고, 부담 없이 받아들일 수 있으며, 실천 가능해야 합니다. 즉, 자발적인 변화를 촉진하도록 해야 하는 거죠. 피드백을 쉽게 기억하고 할 수 있도록 SIR 피드백 3단계를 만들어 보았습니다. 영어 단어 'Sir'를 생각하면 기억하기 쉬울 것입니다.

1단계: 관찰하기See

'관찰하기'에서 가장 중요한 것은 사람과 행동을 분리하는 것입니다.

보고 듣고 관찰한 내용을 객관적으로 말해야 합니다. 관찰할 때는 자기 주관을 넣어서 평가하면 안 됩니다. 20세기에 가장 훌륭한 철학가 중한 명인 지두 크리슈나무르티Jiddu Krishnamurti는 "평가가 들어가지 않은 관찰은 인간 지성의 최고 형태"라고 말했습니다. 관찰과 평가를 구분하도록 예를 들어 보겠습니다.

A 간부가 5분 늦게 회의 장소에 도착합니다. 부서장이 순간 기분이 나빠서 이렇게 말했습니다.

"야! 너는 왜 이렇게 게으르냐?"

이 말은 객관적인 사실만 언급한 관찰이 아니고 평가입니다. 급한 일이 생겨서 늦을 수도 있는데 게으르다고 평가해 버린 거죠. 상대방이 기분이 좋을 리가 없습니다. 평가가 들어가지 않은 관찰로 바꾸어 표현해 보겠습니다.

"지난주 회의 시간에 늦었는데, 오늘도 늦었구나?"

지난주와 이번 주에 늦은 것은 모두 사실이니 듣는 사람도 인정할 수밖에 없습니다.

부하들도 은연중에 상급자를 평가하는 경우가 많습니다. 예를 들어 여단 작전과장이 휴가를 간다고 하니 여단장이 "지난번에 내가 지시한 업무는 어느 정도 진도가 나갔는가?"라고 물었습니다. 이때 작전과장이 "여단장님은 내가 휴가 간다고 하니 눈치를 준다"라고 말하면 관찰일까요? 평가일까요? 평가로 봐야 합니다. 눈치 주려는 게 아니고 궁금해서 물어볼 수 있거든요.

"여단장님은 이번에 내가 휴가 갈 때 밀린 업무가 있는지 확인을 하셨다."

이렇게 표현하면 객관적인 사실만 언급한 관찰이 되는 거죠.

'항상, 한번도, 최악' 이 세 단어는 관찰 단계에서 사용하면 안 됩니다.

"너는 매사에 하는 일이 항상 그 모양이야!"

"네가 제대로 한 걸 한번도 본 적이 없어!"

"이번 발표는 최악이야!"

이런 단어를 사용하면 업무에 초점을 맞추지 못하고 상대를 감정적으로 공격하는 셈이 됩니다.

2단계: 영향 설명Influence

2단계 '영향 설명'은 1단계에서 관찰한 내용을 근거로 그 사람의 행동이 자신이나 전체 조직에 어떤 영향을 미치는지 솔직하게 말해 주는 것입니다.

"네가 지난주에도 회의 시간에 늦었는데 오늘도 늦었네. 시간 개념이 없는 간부라고 오해받을 수 있다. 너로 인해 회의 시간에 늦는 간부들이 많아질까 봐 우려된다."

3단계: 요청하기Request

3단계 '요청하기'는 1단계에서 관찰한 내용을 근거로 2단계에서 어떤 영향을 미치는지 말한 후에 어떻게 해달라고 요청을 하는 것입니다.

"앞으로는 회의 시작 5분 전에는 회의실에 오기 바란다."

1, 2, 3단계를 한 번에 표현해 볼게요.

"네가 지난주에도 회의 시간에 늦었는데 오늘도 늦었네. 시간 개념이 없는 간부라고 오해받을 수 있다. 너로 인해 회의 시간에 늦는 간부들이 많아질까 봐 우려된다. 앞으로는 회의 시작 5분 전에는 회의실에 오기 바란다."

이렇게 3단계를 적용해서 피드백을 하면, 상대방의 마음을 상하게 하지 않으면서도 명확하게 요구사항을 전달해서 행동의 변화를 끌어낼 수 있습니다.

물론 회의 시간에 2번이나 늦은 간부를 이런 식으로 피드백하기가 쉽지 않죠. 그래서 피드백이 어렵다고들 합니다. 꾸준히 해 보면 점점 좋아질 거예요.

만약에 시간이 충분하다면 3단계를 질문 형식으로 진행할 수도 있습니다. 예를 들어 회의 시간에 늦은 A 간부에게 "오늘 네가 늦은 이유가 뭔가?"라고 질문하면 A 간부는 늦은 이유를 말할 것입니다. 그러면 "앞으로 회의 시간에 늦지 않으려면 어떻게 해야 할까?"라고 질문하면 A 간부 스스로 실천 가능한 답을 할 것입니다. 아무튼 기분 나쁘지 않게 상대방의 행동을 바꾸도록 요구하는 것은 정말 어려운 일입니다. 하지만 사실에 입각한 정확한 피드백은 누구에게나 필요합니다.

혹시 요즘 특정 간부의 잘못된 점을 개선해야 하는데 마음 상할까 봐 말을 못 하고 고민하고 있나요? 마음을 굳게 먹고 심호흡을 한번 한 뒤 SIR 3단계 피드백을 적용해 보세요.

피드백할 때 가장 큰 실수

지식이 부족하거나 업무 수행 방법을 모르는 직원을 능력이 없는 직원으로 단정 짓는 것. 이것이 리더가 피드백을 할 때 저지르는 가장 큰 실수입니다.

"너는 업무 종합 능력이 없어!"

제가 총괄 업무를 처음 할 때 각 부서 업무 종합이 안 되자 부서장이 화를 내며 제게 한 말입니다. 이 말을 듣고 저는 억울하고 속이 상했습니다.

시간이 조금만 더 있으면 원하는 수준만큼 업무들을 종합할 수 있는데, 저를 업무 능력이 없다고 평가해 버리니 자존심도 상했습니다. 만약 제게 "너는 지금 업무 종합을 효과적으로 하지 못한다. 이 방법으로 해봐라"라고 했으면 어땠을까요? 제가 거부감 없이 수용했을 것입니다.

기업을 상대로 코칭하는 전문 코치의 말에 의하면, "저 직원은 능력이 없어!"라는 평가를 받는 직원이 70~80%나 된다고 합니다. 그런데 정작 그 직원을 만나 대화해 보면 그들은 그 일을 어떻게 하는지 제대로 교육 받은 적이 없다고 합니다.

리더가 한 직원을 '개인 능력의 한계'라고 인식해 버리면 리더는 더 이상 그 문제를 해결할 노력을 하지 않습니다. 대신에 모든 책임을 직원들의 능력 부족 탓으로 돌립니다.[6] 피드백 능력이 없는 리더의 전형적인 모습이죠.

'개인 능력의 한계'라는 말은 특별한 경우에만 사용해야 합니다. 예를 들어 한 사람이 비행기 조종사로 취직했는데 눈을 다쳐서 비행기 조종을 더 못할 때 그것은 '개인 능력의 한계'라고 할 수 있습니다. 하지만 아직 조종 교육을 제대로 못 받아서 서투른데 능력이 없다고 해 버리면 잘못된 판단입니다. 이처럼 개인의 능력 문제인가? 교육 방법의 문제인가? 이것을 제대로 구분해야 올바른 피드백을 할 수 있습니다.

마법의 피드백

사람들이 많이 붐비는 휴게소에서 백종원 씨가 지역 특산물로 신메뉴를 개발해 선보이는 프로그램에 출연했습니다. 직원들이 각자 메뉴를 한 가지씩 만들어 내보내고 있는데 그중 표고 덮밥 메뉴를 맡은 직원이 요리를 더디게 하고 있었습니다. 그 요리만 밀리니까 손님이 밀리고 불만이 폭증했습니다. 이럴 때 당신이라면 어떻게 대처했을까요? 느려터진 그에게 다른 일을 시키고 잘하는 구성원으로 교체한다? 아니면 호통을 치면서 직접 요리를 한다? 백종원 씨는 그렇게 하지 않았습니다.

먼저 그 직원이 요리하는 프로세스를 세밀히 관찰했습니다. 그 직원은 표고 덮밥에 들어가는 재료 하나하나에 아주 정성을 들이고 있었습니다. 백종원 씨는 그 직원에게 이 프로그램의 목적을 알려주었습니다.

"지금은 완성도 높은 요리를 만들어 매상을 올리기보다 특산물 홍보가 목적이다."

목적을 알면 중점을 두는 포인트가 달라집니다. 똑같은 상황과 조건에서도 백종원 씨가 목적과 생략해야 할 절차를 알려주니 그 직원은 이제 곧잘 따라왔습니다. 손님들도 더 밀리지 않았습니다.[7]

미국의 경영학자 피터 드러커Peter Ferdinand Drucker는 "가장 유일하고도 확실한 학습 방법은 피드백이다"라고 했습니다. 그러니 피드백하는 것을 보면 그 리더의 수준을 알 수 있습니다. 리더의 진심 어린 관심과 피드백은 구성원을 성장시키는 촉진제가 된다는 것을 기억하세요.

03
리더를 흥분시키는 팔로워의 특징

"어떤 팔로워가 리더에게 인정을 받을까요?"

3명의 상사를 진급시켜야 한다

"팀장에서 승진해 임원이 되는 데 필요한 것은 무엇인가요?"

조주완 LG전자 사장이 팀장급 대상 간담회에서 받은 질문입니다. 조사장은 "3명의 상사를 진급시키고 동시에 진심으로 따르는 5명의 후배를 갖게 된다면 임원이 될 수 있을 것이다"라고 답했습니다.[8]

조사장의 답변 중에 3명의 상사를 진급시켜야 한다는 말이 참 인상적이었습니다. 상사를 진급시킬 수 있을 정도로 부하 직원이 역량을 갖추어야 한다는 말이죠.

그동안 리더 역할을 하면서 어떤 부하들이 가장 기억에 남던가요? 저는 제가 가장 힘들어할 때 그것을 해결해 주려고 노력했던 부하들이 가장 기억에 남습니다.

제가 연대장 근무를 할 때 야외 훈련장에서 있었던 일입니다. 군사령관님이 4시간 후에 현장 지도를 나온다고 급하게 연락을 받았습니다. 상급 지휘관이 현장 지도를 나오면 훈련 진행 브리핑을 하고 질문에 답변도 해야 했습니다. 자칫 브리핑이 서툴거나 답변을 못하면, 그 자체로 훈련을 제대로 못한다는 평가를 받을 수 있으니 심적 부담이 컸습니다. 브리핑을 준비하는데 마음이 급해서 일목요연하게 정리가 안 되었습니다. 그때 참모 한 명이 "연대장님! 교범에 근거해서 현재 훈련 진행 상황을 정리해 봤습니다"라고 했습니다. 자료를 보니 다섯 권의 교범을 근거로 일목요연하게 정리를 잘했습니다. 이 정도면 브리핑뿐 아니라 질문에 대한 답변도 할 수 있겠다는 자신감이 생겼습니다. 1시간 후에 군사령관님이 도착했는데 그 참모 덕분에 브리핑도 잘하고 답변도 잘해서 격려금까지 받았습니다. 지금 생각해도 그 참모가 고맙기만 합니다.

나는 어떤 팔로워인가?

팔로워는 리더의 지시를 자발적으로 따르며 리더를 도와 조직의 긍정적인 발전을 유도하는 사람입니다.[9] 카네기멜런대학교의 켈리Robert E. Kelly 교수는 "조직 성공의 기여도는 리더가 20% 정도이고 나머지 80%는 팔로워들이다"라고 했습니다. 팔로워의 중요성을 크게 강조한 거죠. 그는 팔로워 유형을 5가지로 분류했습니다.

팔로워 유형

소외형   순응형   실무형   수동형   모범형

첫째, 소외형입니다. 일은 웬만큼 하고 자기 생각은 있지만, 리더의 결정에 불만을 가지고 뒷담화를 즐기며 소극적으로 참여하는 유형입니다.

둘째, 순응형입니다. 리더의 지시에 적극적으로 따르지만, 무슨 생각을 하고 사는지 잘 모를 정도로 자기 생각을 이야기하지 않는 유형입니다. 대표적인 예스맨Yes Man이죠.

셋째, 실무형입니다. 리더의 지시에 '맞다, 틀리다' 말하지 않고 자기 할 일만 부지런히 하는 유형입니다.

넷째, 수동형입니다. 매사에 소극적이라서 조직 발전에 도움이 안 되고 사사건건 리더의 감독과 통제가 필요한 유형입니다.

다섯째, 모범형입니다. 리더가 제시하는 방향에 적극적으로 참여하되 제한되는 사항에 대해서 대안을 제시하면서 조직 발전에 기여하는 유형입니다. 가장 바람직한 팔로워 유형이죠.

5가지 팔로워 유형을 예를 들어 설명해 보겠습니다.

대대장이 중대장들에게 "부대원들 체력이 약하다. 다음 달부터 매달 한 번씩 부대 외곽 도로를 따라 단독 군장으로 10km 뜀걸음을 하면 어떤가?"라고 했습니다. 각각의 팔로워 유형별 뇌 속의 '생각'을 들여다보겠습니다.

①소외형

유능한 간부인데 대대장과 의견 충돌이 잦아 갈등의 골이 깊습니다. 불만이 많은데 내색은 안 하고 매우 소극적으로 임무를 수행합니다.

'갑자기 왜 또 10km 뜀걸음을 하자는 거지? 10km 뜀걸음을 하면 병사들이 힘들어하고 사고도 날 수 있는데……. 에이, 고민하지 말자. 안 할

수도 있으니 기다려보자.'

②순응형

대대장이 지시하면 무조건 복종한다.

'대대장님이 하자는 대로 해야지.'

③실무형

규정을 찾아본다.

'부대 훈련 지침에는 하도록 되어 있구나. 내가 책임을 떠안지 않도록 안전하게 해야겠다.'

④수동형

'대대장 잘못 만나서 또 고생하는구나. 뜀걸음을 안 하는 방법이 없나?'

⑤모범형

'갑자기 10km 뜀걸음을 해도 규정상은 문제가 없다. 다만, 병사들이 부담을 느끼고, 안전사고도 우려된다. 처음에는 5km 뜀걸음을 하고 단계적으로 수준을 높여가자고 건의해야겠다. 부대 외곽 도로를 뛰면 차량 사고 우려가 있으니 안전한 코스도 알아봐야겠다.'

여러분의 조직에는 어떤 팔로워들이 분포되어 있나요? 올바른 팔로워는 리더의 지시를 무조건 따르지 않습니다. 합리적 사고를 기초로 자신의 의견을 말하고 적절한 대안을 제시합니다. 2011년 오사마 빈 라덴 사살 작전 시 데이비드 쿠퍼David Cooper가 보여준 모범적인 팔로워의 사례를 소개하겠습니다.

불편한 진실과 마주한 팔로워의 용기

네이비 실Navy SEAL은 미국 해군 특수 부대 이름입니다. 네이비 실에서 가장 존경하는 사람이 데이비드 쿠퍼라고 합니다. 쿠퍼는 2014년에 이미 은퇴했고 다른 부대원들에 비해 똑똑하지도 강인하지도 않았습니다. 물론 명사수나 최고의 수영 선수도 아니었고요. 그런데도 왜 최고의 존경을 받고 있을까요? 그 이유를 알아보겠습니다.

2011년 3월, CIA의 윌리엄 맥레이븐William McRaven 장군은 쿠퍼에게 매우 중요한 임무를 부여했습니다. 스텔스 헬리콥터를 타고 파키스탄으로 침투해서 오사마 빈 라덴을 사살하라는 임무였죠. 쿠퍼는 헬리콥터 사용을 반대하면서 소신 있게 자기 의견을 말했습니다.

"스텔스 헬리콥터가 레이더를 피해 영공으로 침투할 수 있다는 장점은 있습니다. 하지만 아직 실전에 사용된 적이 없습니다. 특수 작전에서 검증되지 않은 장비를 사용하다가 자칫 치명적인 사고를 당할 수 있습니다."

그러나 맥레이븐 장군의 생각은 단호했습니다.

"지금 계획을 바꿀 수는 없다. 그대로 시행하라!"

쿠퍼도 물러서지 않았습니다.

"저는 동의할 수 없습니다. 제 생각을 숨긴다면 그게 바로 직무 태만입니다."

맥레이븐 장군도 언성을 높였습니다.

"지금 상태에서는 계획을 절대 바꾸지 못한다고 말했지 않나? 왜 지시를 따르지 않는가?"

쿠퍼는 끝까지 물러서지 않았습니다.

"저는 헬리콥터를 사용하지 않겠습니다."

맥레이븐 장군은 참다못해 더 크게 고함을 쳤습니다.

"지시를 따르라고!"

결국 두 사람은 끝까지 합의점을 찾지 못했습니다.

쿠퍼는 회의실을 나오면서 고민했습니다. 명령을 따르느냐? 거부하느냐? 피할 수 없는 갈림길에 섰습니다. 깊이 고민하던 쿠퍼는 맥레이븐 장군의 명령대로 스텔스 헬리콥터를 사용하기로 했습니다. 그런데 쿠퍼는 일반적인 부하들과 달랐습니다. 무엇이 달랐을까요? 그는 상급자의 명령대로 작전을 하는 것보다 더 중요한 것은 임무 완수라고 생각했습니다. 그래서 스텔스 헬리콥터를 사용하다가 실패할 경우를 대비해 치밀하게 대책을 마련했습니다.

빈 라덴의 기지를 그대로 재현한 모형물을 구축하고 그 모형물에서 헬리콥터가 추락하는 상황을 가정해서 수없이 훈련을 반복했습니다. 헬리콥터 추락을 대비한 훈련은 쉽지 않았습니다. 고도의 주의력과 팀워크, 현장 조치가 필요한 훈련이었습니다. 훈련 후에는 무엇이 잘못되고, 어디에서 실수했고, 어떻게 해야 잘할 수 있는가를 몇 번이고 반복했습니다. 스텔스 헬리콥터가 추락해도 임무를 완수할 수 있는 모든 준비를 끝냈습니다.

드디어 2011년 5월 1일, 백악관은 작전 명령을 하달했습니다. 쿠퍼 일행을 태운 스텔스 헬리콥터 2대가 잘라바드 미군 기지를 출발했습니다. 백악관에서는 오바마 대통령과 국가안보진이, 사령부에서는 쿠퍼와 맥레이븐 장군을 비롯한 다른 사령관들이 영상으로 작전 상황을 지켜보고 있었습니다.

작전 출발은 순조로웠습니다. 스텔스 헬리콥터 2대가 파키스탄 영공에 침투해 빈 라덴의 본거지에 접근할 때였습니다. 갑자기 첫 번째 헬리콥터가 착륙을 시도하면서 문제가 발생했습니다. 빙판에 미끄러지듯 회전하며 땅바닥 쪽으로 동체가 기운 것이었습니다. 건물 지붕에 착륙할 예정이던 다른 헬리콥터에도 문제가 착륙 지점이 생겨 땅 쪽으로 바뀌었습니다. 설상가상으로 더 큰 문제가 발생했습니다. 첫 번째 헬리콥터의 조종사가 기체의 평형을 유지하지 못해 땅에 추락한 것입니다. 헬리콥터가 벽에 부딪히고 진흙탕에 처박혀 버렸습니다.

현장 상황을 영상으로 지켜보던 사령부 장군들은 충격에 휩싸였습니다. 상황실에는 무거운 침묵만 흘렀습니다. 이대로 작전이 실패하는가? 침울한 분위기가 계속되었습니다.

그 순간! 그들 앞에 예상치 못 한 장면이 펼쳐지고 있었습니다. 추락한 헬리콥터에서 네이비 실 대원들이 척척 나오기 시작했습니다. 그들은 헬리콥터 추락 상황에서도 타이밍을 놓치지 않고 치밀하게 작전을 수행했습니다. 그들은 사전에 헬리콥터가 추락하는 상황을 가정해서 수없이 훈련한 그대로 움직였습니다. 마치 한 편의 영화를 보는 듯했습니다. 결국 38분 만에 빈 라덴을 사살하고 작전은 성공리에 종료되었습니다. 전 세계 사람들은 네이비 실 팀의 기술과 용기에 감탄했습니다.[10] 만일 쿠퍼가 스텔스 헬리콥터를 이용하라는 맥레이븐 장군의 지시에 맹목적으로 순종하고 최악의 상황에 대비한 훈련을 안 했다면 작전은 실패했을 것입니다.

통상 어떤 일이 잘못되었을 때 "이렇게 하라고 지시하셨지 않습니까?"
라고 실패의 책임을 리더에게 돌리는 팔로워들이 있습니다. 하지만 쿠퍼
는 상관의 명령대로 작전을 해서 실패할 경우까지도 대비해서 치밀하게
준비를 한 것이죠. 정말 대단하지 않나요?

리더에게 인정받는 팔로워의 5가지 특징

제 경험과 팔로워십 관련 책들을 보면서 리더들이 인정하는 팔로워의
특징을 5가지로 정리했습니다.

첫째, 한 치수 큰 모자를 써라

자기 입장만 생각하지 말고 리더의 입장에서 생각하라는 말입니다.
리더와 팔로워의 입장 차이에 따라 관점이 어떻게 바뀌는지 정리한 표입
니다.[11]

구분	리더	팔로워
입장	·책임의 범주가 넓음 ·상급자의 의도를 구현해야 함 ·부하가 여러 명 있음 ·부하로서의 경험이 있음	·책임의 범주가 좁음 ·리더의 상급자에 대한 인식 약함 ·여러 부하 중의 한 사람임 ·리더로서의 경험이 적음
관점	·임무 완수가 최우선 ·부분보다 전체를 생각함 ·여러 부하와 비교함 ·자신의 부하 시절과 비교함 ·일의 잘못은 부하 탓	·본인 입장을 먼저 생각함 ·전체보다 부분을 생각함 ·다른 상급자들과 비교함 ·상급자의 세계를 이해하기 어려움 ·일의 잘못은 상사 탓

리더가 지시하는 내용이 자기 생각과 다르면 자칫 불평불만이 생길 수 있습니다. 이때 리더의 입장도 생각해 보세요. '리더도 상급자가 있다. 일이 잘못되면 나보다 더 큰 책임을 져야 한다. 나와 별반 다를 게 없는 인간이다. 휴일에 쉬고 싶고 스트레스도 받고 짜증 나면 술 한잔하고 싶을 거야. 일이 잘되어야 나도 좋고, 리더도 좋은 거지.' 이렇게 생각하면 리더를 조금 더 이해할 수 있습니다.

둘째, 리더가 시키지 않은 일도 알아서 한다

희극 배우 찰리 채플린Charles Chaplin이 철공소에서 일할 때였습니다. 한번은 사장이 빵을 사 오라고 심부름을 시켰습니다. 채플린이 사 온 봉투를 사장이 열어보니 빵과 함께 와인 한 병이 들어있었습니다. 사장이 "왜 와인을 사 왔는가?"라고 물었습니다. 채플린은 "사장님은 와인을 항상 드시는데 아침에 확인해 보니 와인이 다 떨어졌길래 빵 사는 김에 와인도 사 왔습니다"라고 말했습니다. 사장이 채플린을 기특하게 생각해서 급여를 올려주었습니다.

제가 중대장 때 소대장에게 조만간 교육 훈련 수준 평가가 있으니 내일은 하루 종일 교육 훈련을 하라고 지시했습니다. 다음날 오전에 가보니 교육 훈련을 안하고 배수로 정비를 하고 있었습니다. "왜 교육 훈련을 안하고 배수로 정비를 하고 있나?"라고 짜증스럽게 물었습니다. "어제 저녁부터 아침까지 비가 많이 와서 배수로 정비를 먼저 하고 교육 훈련을 하려던 참이었습니다"라고 대답했습니다. 지금 생각해도 참 기특한 소대장입니다.

셋째, 소신 있게 업무를 추진한다

180억 공무원. 〈고창 청보리밥 축제〉를 착안해 고창을 전국에 알리고 행사 첫해에 180억 원의 수입을 창출한 7급 공무원 김가성 씨의 별칭입니다.[12] 그가 〈고창 청보리밥 축제〉 아이디어를 기획하고 추진했을 때 상급자들은 쓸데없는 일을 한다고 호통을 쳤습니다.

"지금 눈앞에 당장 할 일이 얼마나 많은데! 그것도 제대로 못하면서 무슨 일을 새롭게 벌이는 거야."

"왜 쓸데없이 돈과 시간을 낭비해 가면서 되지도 않을 일을 준비해?"

"이런 일을 추진하다니 정말 정신 나간 거 아니야!"

"제발 좀 튀지 말고 가만히 있어. 자네 때문에 우리까지 힘들어."

적극적으로 동조해 주는 사람은 단 한 명도 없었습니다. 그런데도 그는 지역 발전에 기여하고 고창을 전국에 홍보할 기회라고 여기고 온갖 험담과 비난을 참고 견뎌냈습니다. 보리밭 주인을 열 번 이상 찾아가 협조를 했고, 주말에는 벤치마킹을 위해 지역 축제를 찾아다녔습니다. 방송국 홍보 담당자들도 찾아가 홍보와 취재를 요청했습니다. 결국 2004년에 〈고창 청보리밥 축제〉가 처음으로 열렸습니다. 첫해에만 3천만 원 예산으로 180억 원의 수익을 창출했습니다. 이처럼 팔로워는 리더가 반대하더라도 소신 있게 추진할 수 있는 용기와 실력이 있어야 합니다.

물론, 소신 있는 팔로워를 만들어 내기 위해서는 리더의 역할도 중요합니다.

조선 시대 세종 때 허조는 사사건건 세종의 정책을 반대했습니다. 허조가 워낙 반대를 많이 해서 "허조는 고집불통이다"라고 세종이 말할 정도였습니다. 그런데도 세종은 꼬장꼬장하기로 악명이 높은 허조를 끝까지 중용했습니다. 세종은 인사권을 휘두르는 중책인 이조 판서에 허조를 6년이나 앉혔습니다. 허조를 정승으로 승진시킨 후에도 이조 판서를 겸임하게 했습니다. 절대 왕정 시절에는 왕의 생각과 다른 이야기를 하려면 목숨을 걸어야 했습니다. 그런데도 왕의 생각과 다른 의견을 소신 있게 전한 허조, 그를 끝까지 옆에 두고 끈질기게 토론하며 대안을 찾아냈던 세종. 이들의 모습이 바람직한 리더와 팔로워의 올바른 사례라고 생각됩니다.

넷째, 리더에게 지나친 기대와 착각을 하지 말아라

'상급자가 늘 자신을 위해 고민하고 관심을 가진다.' 이런 착각하지 마세요. 상급자들도 과중한 업무, 성과 부담, 가정 걱정, 승진 문제 등으로 골머리를 앓는 사람들임을 기억하세요.

상급자들도 인정과 칭찬에 목말라합니다. 상급자에게도 칭찬과 감사의 표현을 하면 좋습니다. 상급자도 에너지를 받아야 부하들에게 격려와 칭찬을 할 수 있거든요. 제가 지휘관을 할 때 부대 운영비로 생일 케이크를 사주고 회식을 하면 감사하기는커녕 당연하게 생각하는 부대원들도 있었습니다. 그런 부하들을 보면 실망스러웠습니다. 때로는 괘씸하다는 생각도 한 번쯤 들었지요.

그리고 상급자가 쉽게 안 바뀐다고 실망하지 마세요. 수십 년을 함께 살고 있는 배우자도 자기 생각대로 안 바뀌잖아요. 그런데 상급자가 쉽게 바뀔까요? 나와 똑같은 사람이라 생각해야 스트레스를 덜 받습니다. 현명한 팔로워는 상급자의 장점은 인정하고, 단점은 보완해 주려고 노력합니다.

다섯째, 리더가 쉽게 결정하도록 도와준다

지휘관들은 무한 책임의 지휘 부담 속에서 다양한 업무를 늘 신경 쓰느라 뇌의 에너지 소비량이 많습니다. 저도 지휘관을 할 때 정신적인 피로를 느낄 때가 많았습니다. 그래서 팔로워들은 리더가 지쳐있는 상태에서 중요한 결정을 내리지 않도록 배려해 주어야 합니다. 단지 결재만 받겠다는 생각으로 심신이 지쳐있는 리더에게 결정을 강요하면 안 되는 거죠.

솔직히 저도 참모 생활을 할 때 결재받기에 급급해서 지휘관 퇴근 시간에 맞춰서 결재를 받아낸 적도 많았습니다.

중요한 결정을 앞두고는 리더가 충분히 쉬게 해 주는 배려가 필요합니다. 또한 중요한 결정을 내린 후에 연이어서 다른 결정을 하도록 하면 안 됩니다.[13] 스트레스를 받으면 충동 구매하듯이 피곤한 상태에서는 잘못된 결정을 할 수 있거든요.

참모가 중요한 안건에 대해서 너무 많은 대안을 제시하면 지휘관은 결정을 못 합니다. '어휴, 머리 아파. 다음에 생각하자' 하며 선택을 미룰 수도 있지요. 분식집에 가서 메뉴가 많으면 뭘 골라야 할지 모르는 것과 같습니다. 그래서 참모들은 중요한 안건일수록 장단점을 잘 분석해서 대안의 수를 줄인 후에 리더의 결심을 받도록 하는 노력이 필요합니다.

어느 골목길에 설렁탕 맛이 비슷한 두 가게가 있습니다. 설렁탕 맛은 비슷한데 사람들이 유독 한쪽 가게만 자주 갔습니다. 왜 그럴까요? 뜨끈뜨끈한 설렁탕에 새콤달콤한 맛을 더해 주는 깍두기 때문이었습니다. 이처럼 팔로워들의 작은 배려와 관심이 리더를 더욱 빛나게 해줍니다. 완전한 리더는 없으니까요. 아리스토텔레스Aristoteles는 "남을 따르는 법을 모르는 사람은 결코 좋은 지도자가 될 수 없다"라고 했습니다. 인정받는 팔로워가 인정받는 리더가 된다는 것을 기억하세요.

04
같이 해야 가치 있다

"집단 지성을 발휘하기 위해 리더는 어떤 역할을 해야 할까요?"

인간의 마음을 뒤흔드는 불타는 갈증

인정받고 싶은 욕구가 얼마나 강렬한가를 보여주는 일화가 있습니다. 제2차 세계대전 중 있었던 일입니다.[14] 치열한 전투 중에 병사 한 명의 온몸에 포탄 파편이 박혔습니다. 부상이 워낙 심해 치료가 불가능했습니다. 그 병사가 죽음 직전에 중대장의 품 안에 안겨서 중대장에게 속삭였습니다.

"중대장님, 중대원들이 항상 저더러 비겁한 놈이라고……. 하지만 이번만은 저도 용감했다고 전해 주세요."

"그럼, 너는 용감했다."

중대장의 대답을 듣고 그 병사는 얼굴에 웃음을 띠고 숨을 거두었습니다.

모든 사람은 누구나 타인으로부터 인정받고 싶은 강렬한 욕구를 지니고 있습니다. 자신이 중요한 사람으로 인정받고 싶은 욕구! 이것은 가장 뿌리 깊은 인간의 본성입니다. 이 갈증을 제대로 충족시켜 주는 사람이 진정한 리더입니다. 이런 리더가 죽으면 심지어 장의사조차도 그의 죽음에 대해서 슬퍼할 것입니다. 리더가 먼저 다양한 특성을 지닌 구성원이 중요한 존재라고 인식해야 합니다. 그래야 집단 지성의 힘을 발휘할 수 있습니다.

대중의 우둔함과 집단 지성의 지혜

집단 지성은 다수의 개체가 서로 협력하여 얻게 되는 집단적인 지적 능력을 의미합니다. 집단 지성의 지혜는 영국의 유전학자 프랜시스 골턴 Francis Galton이 밝혀냈습니다. 그는 어느 날 가축 품평회를 갔습니다. 품평회에 참여한 사람들이 돈을 걸고 황소의 무게를 맞추는 게임을 하고 있었습니다. 그는 보통의 사람들이 추정한 황소의 무게는 분명히 실제 황소의 무게와 큰 차이가 있을 것이라 생각했습니다. 그래서 그는 '대중의 우둔함'을 증명하고자 780명에게 황소의 무게를 적어내라고 했습니다. 그들이 적어낸 황소 무게의 평균을 계산해 보니 실제 황소의 무게와 1% 오차도 없었습니다. 오히려 황소 전문가들이 개별적으로 추측한 값보다 더 정확했습니다. 대중의 우둔함을 증명하려는 의도는 빗나갔고, 오히려 집단 지성의 지혜를 밝혀낸 것입니다.[15]

불가능한 암호를 풀어낸 블레츨리 파크

제2차 세계대전이 한창이던 1941년, 영국은 독일 잠수함 U보트 앞에서 속수무책이었습니다. 전함 수백 척이 U보트가 쏜 어뢰에 침몰했습니다. 대서양 보급로는 완전히 끊겼습니다. 그런데 어느 순간 전세는 완전히 역전되었습니다. 영국이 비밀리에 결성한 '블레츨리 파크Bletchley Park'가 독일군 암호를 해독하는 데 성공했기 때문입니다. 블레츨리 파크는 세계 최초의 연산 컴퓨터인 콜로서스Colossus를 개발해 독일군의 교신 메시지를 1분당 2개의 속도로 풀어냈습니다. 덕분에 연합군은 독일군의 교신 내용을 대부분 손쉽게 확인할 수 있었습니다.

확률적으로도 거의 불가능에 가깝다고 하는 암호를 풀어낸 결정적 원인은 무엇이었을까요? 그 이유는 바로 덜 똑똑하고 다양한 사람들로 구성되었기 때문에 가능했다는 것입니다.

암호 해독을 위해 블레츨리 파크에 모인 사람들은 1000여 명. 이들의 직업과 학문적 배경은 놀랄 정도로 다양했습니다. 과학자, 기술자 외에도 체스 챔피언, 낱말 맞추기 전문가, 기업체 간부 등이 참여했습니다. 전공도 수학·이집트학·고전·역사·현대 언어학 등으로 제각각이었습니다.[16] 워낙 특이한 경력을 가진 사람들이 모이다 보니 경비를 서던 군인도 정신질환 치료를 위해 모인 사람들로 착각했을 정도라고 합니다.

미시간대학교 스콧 페이지Scott E. Page 교수는 블레츨리 파크 사례를 들면서 '다양성이 능력을 이긴다'는 혁신적인 이론을 제시했습니다. 이론의 요점은 대단히 우수하지는 않지만 다양한 사람으로 구성된 그룹이 매우 우수한 사람들로 구성된 동질적인 그룹보다 더 높은 성과를 낸다는 것입니다.[17]

요즘 어느 조직이든지 세대 차이에서 오는 이질감으로 어려움을 겪고 있을 것입니다. 아래 표는 세 세대의 특징을 간략하게 요약한 내용입니다.[18]

구 분	베이비 붐 세대	X세대	MZ세대
직장 의미	생계(밥값)	생존(몸값)	생활(돈값)
마음가짐	피할 수 없으면 즐겨라	피할 수 없으면 견뎌라	즐길 수 없으면 피하라
공정성	대의명분	객관성	개인의 삶
인간 관계	전우애(본드)	개인 존중(조각)	전략적 제휴(포스트잇)
과한 업무	일단 밀어붙이고 생각	일단 맞춰주고 생각	못 한다고 하고 생각
카페 주문	상사가 시키는 대로	커피와 녹차 중 선택	따로 주문

다양한 사람들이 공존해 있는데 리더가 내 방식대로만 하라고 하는 것은 더 이상 통하지 않을 것입니다. '세대 간 다름'을 인정하고 존중하면서 성과를 창출해야 할 때입니다. 그 어느 때보다 구성원의 마음속에는 자신이 중요한 사람이라고 인정받고 싶은 욕구가 불타오르고 있으니까요.

리더가 취약점을 인정할 때 팀워크는 향상된다

리더가 솔직하게 자신의 약점을 인정하면서 다가설 때 구성원의 동참을 더 끌어낼 수 있습니다.

35년 이상 군 생활을 하고 육군 대장으로 전역한 분의 강연을 들은 적이 있습니다. 참 진솔하고 마음에 와닿는 내용이었습니다.

"한 직책을 마치고 나면 다음에는 어디로 가야 할지 매번 고민했습니다. 동기들에게 뒤처지지 않고 좋은 직책을 맡으려고 애를 썼습니다. 상급자들에게 좋은 평가 받으려고 근무하다 보니 군 생활이 금방 지나갔지요."

별을 4개나 달고 전역했으니 후배 군인들 앞에서 본인 자랑을 많이 할 줄 알았는데 의외였습니다. 그분이 솔직하게 이야기하니 금방 강연에 몰입되었습니다.

리더가 솔직하게 자기 취약점을 인정하기가 쉽지 않습니다. 저도 부하들 앞에서 저의 약점을 이야기하지 않았습니다. 어떻게든 강한 모습만 보이려 했습니다. 부족한 것도 감추려고 했고, 잘 모르는 내용을 아는 척한 경우도 있었습니다. 어려운 임무를 부여받았을 때, 부하들에게 "나는 경험이 없어서 이 일을 잘 모르겠다. 여러분들의 도움이 필요하다"라고 솔직하게 이야기해 본 적도 없었습니다.

자신의 불완전한 모습은 숨기고 능력을 과시하려는 리더도 있습니다.

그런 방법으로는 구성원의 적극적인 참여와 화합을 불러오기 어렵습니다. 때로는 잘 모른다고 하면서 구성원이 들어올 여지를 주는 것도 필요합니다. 예를 들어 리더가 이렇게 이야기할 수 있습니다.

"내가 제시한 어떤 의견도 완벽하지 않다는 것을 알고 있습니다. 내가 무엇을 놓친 걸까요? 여러분은 어떻게 생각하죠?"

이렇게 이야기하면 구성원은 어떤 반응을 보일까요? 지금보다 더 적극적으로 의견을 제시하고 창의적이고 열정적으로 참여할 것입니다.

05
어떤 리더에게 부하들은 열광하는가?

"리더가 어떻게 해야 구성원의 자발적인 동기 부여가 가능할까요?"

조용한 사직Quiet Quitting

'조용한 사직'은 전 세계적으로 화두인 신조어입니다. 퇴사하지는 않지만, 이미 직장에서 마음이 떠났기 때문에 최소한의 업무만 하려는 태도를 말합니다. 즉 월급에 비례해 해직당하지 않을 만큼만 일한다는 의미죠.

여론 조사 기관 갤럽이 2022년 9월에 미국인 18세 이상 근로자 1만 5000여 명을 대상으로 설문 조사한 결과 "미국인 근로자 50% 이상이 사실상 '조용한 사직' 중"이라고 밝혔습니다.[19]

2021년 12월, 구인·구직 플랫폼 '사람인'이 직장인 3923명을 대상으로 진행한 설문 조사에서도 응답자의 70%가 "딱 월급 받는 만큼만 일하면 된다"라고 응답했습니다. 특히 20대와 30대 직장인의 78.5%, 77.1%가 이렇게 대답했고, 40대(59.2%)와 50대(40.1%)로 갈수록 그 비율이 낮아졌습니다. 이른바 MZ세대가 상대적으로 '조용한 사직'에 더 참여하고 있는 셈입니다.

이런 분위기는 조직의 생산성 저하로 이어질 수 있습니다. 자기 의사와 무관하게 군대에서 통제된 생활을 하는 병사들의 경우는 직장인보다 동기 부여가 더 어려울 것입니다. 병사들은 하루라도 빨리 전역할 생각을 합니다. 이러한 병사들을 어떻게 동기 부여 시킬 수 있을까요?

단순히 경제적 보상만으로 적극적 참여를 유도하는 것은 한계가 있습니다. 예를 들어 보겠습니다.

쥐를 잡아 오면 돈을 줄게

1800년대 중반에 프랑스가 베트남을 통치했을 때, 프랑스인들은 베트남 곳곳에 출몰하는 쥐 때문에 골머리를 앓았습니다. 고민 끝에 프랑스인들은 베트남 사람들이 쥐를 잡아 오면 그 수에 맞춰 돈을 주기로 했지요. 돈으로 보상하면 쥐를 퇴치할 수 있다고 확신했습니다. 그러나 예상은 빗나갔습니다. 베트남 사람들은 쥐를 잡는 대신 쥐를 키우기 시작한 것입니다.

금전 보상 등 외적 동기 부여의 한계는 '자기 결정 이론'에서 명확히 증명되었습니다. 자기 결정 이론Self-determination Theory은 심리학자 에드워드 데시Edward Deci와 리차드 라이언Richard Ryan이 제시한 인간의 심리에 대한 이론입니다.

그들은 대학생을 두 집단으로 나누어 퍼즐을 풀게 했습니다. 한 그룹은 퍼즐 과제 하나를 완성할 때마다 1달러씩 보상을 했고, 다른 그룹에는 아무런 보상을 하지 않았습니다.

어떤 그룹이 몰입도가 더 높았을까요? 보상 없이 퍼즐 자체를 즐긴 그룹들의 몰입도가 더 높았습니다. 창의성이나 문제 해결 측면에서도 더 높은 점수를 받았습니다. 왜 이런 결과가 나왔을까요? 보상을 받으며 퍼즐 과제를 수행한 사람들은 처음에는 열심히 하다가 보상이 중단되자 퍼즐을 하고 싶다는 동기가 떨어졌기 때문입니다.[20] 이처럼 보상을 통한 외적 동기보다 일의 의미와 가치를 찾는 내적 동기가 더 근본적인 힘을 발휘한다는 것이 자기 결정 이론의 핵심입니다.

자기 결정 이론에서는 인간의 기본적인 욕구를 크게 세 가지로 구분합니다.

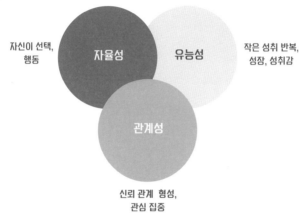

•**자율성**Autonomy: 외부의 강요, 강압, 통제, 지배 등에서 벗어나 자발적으로 마음과 행위를 조절하고 목표를 추구하고자 하는 욕구

•**유능성**Competence: 목표 추구 과정에서 결과보다는 과정을 중시하고, 그 안에서 흥미와 효능감, 성취감 등을 경험하고자 하는 욕구

•**관계성**Relatedness: 타인과 인간적이고 친밀한 관계를 맺으며 지속적인 교류를 이어가고자 하는 욕구

2021년 9월에 제가 병사들 동기 부여 방안에 대해서 교육사령부 장군들을 대상으로 발표한 적이 있습니다. 당시에 어떻게 해야 자기 결정 이론의 자율성, 유능성, 관계성이 향상되는가를 알기 위해 육군의 간부(200

명)와 병사(280명)를 대상으로 인터뷰와 설문 조사를 했습니다. 결과는 다음과 같습니다.

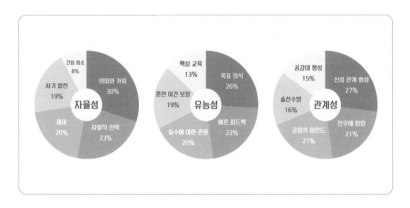

자율성은 의미와 가치를 알게 해 주고(30%), 자발적으로 선택할 때 (23%), 재미있을 때(20%) 향상된다고 했습니다. 유능성은 목표 의식을 심어줄 때(26%), 즉시 피드백해 줄 때(22%), 실수해도 관용을 베풀어 줄 때 (20%) 향상된다고 답변했습니다. 관계성은 신뢰 관계가 형성될 때(27%), 전우애가 함양될 때(21%), 긍정적인 생각을 할 때(21%) 향상된다는 결과가 나왔습니다. 결국 신뢰를 바탕으로 즐거움과 일의 의미를 찾고 성장할 수 있으면 구성원의 만족도는 올라가고 조직 성과로 이어진다는 것을 알 수 있습니다.

리더가 자기 결정 이론을 잘 적용해서 부대원을 성장시킨 사례를 소개해 드리겠습니다.

왕따 병사가 에이스가 되기까지

K 대위가 중대장으로 부임했을 때 중대에는 왕따 경험을 가진 A 상병

이 있었습니다. A 상병은 자신감을 상실한 상태였고, 자살 생각까지 하고 있었습니다. 주변에서는 A 상병은 군 생활 적응 못 할 것이라는 소문도 있었습니다. 하지만 K 대위는 A 상병에 대해 편견을 갖지 않았습니다. 내색하지 않고 4주간 시간을 가지면서 A 상병과 진지한 대화를 나누었습니다. A 상병에 대해서 3가지 사실을 정확히 파악했습니다. 소극적이지 않고 책임감 있다. 열정이 있는데 과거 왕따 경험으로 자신감이 떨어진 상태이다. 전역하고 싶은 마음은 전혀 없다.

다만, A 상병은 시작을 두려워하고 있었습니다. K 대위는 과감한 결정을 했습니다. A 상병에게 분대장 직책을 부여하기로 했습니다. 중대 간부들과 병사들, 특히 A 상병의 분대원들이 심하게 불만을 표출했습니다. 하지만 K 대위 생각은 확고했습니다.

K 대위는 A 상병에게 말했습니다.

"나는 너를 분대장으로 임명하고 싶다. 네가 능력이 안 되면 언제라도 교체할 것이다. 책임지고 노력하는 것은 너의 몫이다. 20대 초반에 다른 사람들을 책임지고 이끌어 갈 수 있는 역할을 해 보는 것은 너의 인생을 바꿀 수 있는 좋은 계기가 될 수 있다. 내가 도와주겠다."

멋지지 않나요. K 대위는 A 상병이 분대장 업무를 잘하도록 도와주려고 3개월간 노력했습니다. 건의 사항은 분대장을 통해서 소대장에게 보고하게 하고, A 상병이 건의한 내용은 책임지고 조치해 주었습니다. 이런 과정을 겪으면서 K 대위도 힘들고, 어렵고, 두려운 순간도 있었습니다. 하지만 끝까지 포기하지 않고 A 상병을 지지하고 도왔습니다.

3개월이 지나자 이제는 분대원들도 A 상병을 믿음직한 분대장으로 생각하기 시작했습니다. A 상병도 자신감을 가지고 매사에 적극적으로 생활을 했습니다. 결국 A 상병은 모두가 우려하던 왕따 병사에서 이제는 누구나 인정하는 중대의 에이스 병사가 되었습니다.

이제 K 대위 사례에서 '자기 결정 이론'이 어떻게 적용되었는지 알아보겠습니다.

·자율성: K 대위는 A 상병에게 분대장 임무 수행할 기회를 제공
·유능성: A 상병이 자신감을 갖고 분대장 임무 수행 능력 향상
·관계성: K 대위가 A 상병과 진지한 대화를 나누면서 신뢰 형성

이 사례를 보면서 어떤 생각이 드나요? 리더가 고통과 책임을 감수할 때 부하들이 성장한다는 것을 알 수 있을 것입니다. 그들 스스로 성장한다고 느껴야 자발적인 참여를 유도할 수 있는 것이죠.

부하의 강점과 성장을 자극하는 리더

LG경제연구원에서 젊은 직장인들을 대상으로 '존경하는 리더의 유형'을 조사한 결과 '직원의 성장을 돕는 리더'가 1위였습니다. 이제 '성장'이라는 단어가 화두가 되었습니다.

제가 초급 간부일 때 6개월간 집중적으로 영어 교육을 받은 적이 있습니다. 당시에 큰 훈련을 앞둔 시점이었는데도 과장님은 공석을 감수하고 제가 교육을 받도록 배려해 주었습니다. 시간이 지나도 그 과장님에 대한 고마운 마음을 늘 가지고 있습니다. 그 마음의 근본은 제가 성장하도록 본인의 손해를 감수하면서 여건을 만들어 준 것에 대한 고마움이죠.

제가 중대장, 대대장을 인터뷰해 보면 강점을 살려서 부하들을 성장

시키는 사례들이 많았습니다.

"경험이 부족한 초급 간부는 능력도 부족하다? 그건 고정 관념에 불과합니다. 그들의 창의적이고 기발한 아이디어를 훈련에 적용했습니다."

"요즘 병사들은 동등한 보상을 받아야 한다고 생각을 하는 세대입니다. 개인별로 부족한 것이 무엇인가를 정확하게 알려주고 평가하였습니다."

"초급 간부나 용사들은 통제의 대상이 아닙니다. 그들의 강점을 살려주면 최고의 전투력을 발휘합니다."

누구나 자신을 성장시켜주는 리더에게 열광하기 마련입니다.

영국 육군도 군에 입대하는 장병들의 잠재력을 발견해서 그들의 성장에 도움이 되도록 노력을 하고 있습니다. 영국 육군은 입대 장병을 모집하는 2019년 포스터에서 사회나 가정에서 약점이자 결함으로 치부하는 밀레니얼 세대의 다양한 특징들을 언급했습니다. 그리고 그 약점과 결함들이 군대에서는 강점이 되고, 그들의 성장에 도움이 될 수 있다는 메시지를 전했습니다. 청년들을 향한 부정적인 고정 관념을 강점으로 바꾼거죠. 밀레니얼 세대의 게임에 대한 집착을 '역동성'으로, 셀카 중독을 '자신감'으로, 자기 중심성을 '자기 확신'으로 높이 평가했습니다.[21]

- 게임 광분자들Binge Gamers → 역동성Drive
- 셀카 중독자들Selfie Addicts → 자신감Confidence
- 자기만 아는 밀레니얼 세대Me, Me, Me Millenials → 자기 확신Self-belief

영국 육군 모집 광고(2019)

강점과 성장을 자극하는 리더의 역할은 쉽지 않지만 계속 도전해야
할 리더의 중요한 역할입니다.

06
마음의 맷집, 회복 탄력성

"보이지 않는 마음의 근육을 어떻게 키울 수 있을까요?"

지나고 보니 진급한 날만 좋았어요

행복한 순간도, 불행한 순간도 시간이 지나면 원래 상태로 돌아옵니다. 예를 들어 보겠습니다.

함께 근무하던 장군 한 분이 전역하면서 "엄청나게 고생해서 장군(준장)으로 진급을 했는데, 지금 전역하는 순간에 되돌아보니 장군으로 진급한 그 날만 좋았다"라고 했습니다. 분주하게 생활하다 보니 진급할 때 기쁨도 잊어버리고 평상시 기분으로 돌아온 것입니다.

대대장으로 근무할 때 한 달 사이에 3건의 사고가 연달아 발생했습니다. 기관총 사격 중에 산불이 발생했고, 일주일 후에 병사가 휴가 중에 음주 운전하다가 교통사고를 당했습니다. 그 후에 간부 한 명이 출근을 안 했습니다. 사단에서 감찰 조사가 나왔습니다. 간부 1명, 병사 1명이 징계를 받았습니다. 대대 분위기는 침울해졌습니다. 그 당시 저도 부대에 출근하기가 싫을 정도로 힘들었습니다. 그 후로 3개월의 시간이 지났습니다. 어느새 사고 후유증은 가시고 부대는 정상적으로 운영되었습니다. 저도 아무 일 없었던 것처럼 의욕을 가지고 근무했습니다.

저는 육군의 중령·대령 진급자들을 대상으로 지휘관 부임 전 리더십 교육을 하고 있습니다. 교육 첫 시간에 항상 "요즘 마음이 어떠세요?"라고 질문을 합니다. 그러면 대부분 교육생이 "앞으로 바쁘게 지휘관 근무할 것을 생각하니 마음이 좀 무겁고 부담도 됩니다"라고 말합니다. 대답하는 그들의 얼굴에서 처음 진급 소식을 들었을 때 하늘로 날아갈 듯 기뻐하던 모습을 좀처럼 찾아보기 힘들었습니다.

자, 위의 사례들을 보니까 어떻습니까? 힘든 고통과 행복한 순간들이 시간이 지나면 원래 상태로 돌아오는 것을 알 수 있죠. 그런데 이 사실을 이미 3000년 전에 깨달은 사람이 있습니다. 누구일까요? 솔로몬입니다.

한번은 다윗왕이 궁중의 보석 세공인에게 나를 위해 반지를 만들라고 했습니다. 그 반지에는 자신이 전쟁에서 승리해도 교만하지 않고, 절망에 빠져도 용기를 낼 수 있는 글귀를 새겨 넣으라고 주문을 했습니다.

왕의 지시를 받은 보석 세공인은 적당한 글귀가 생각나지 않아 곤욕을 치르다가 솔로몬을 찾아갔습니다. 솔로몬은 그에게 '이 또한 곧 지나가리라'라는 글귀를 새겨 넣으라고 합니다. '이 또한 곧 지나가리라.' 이 말은 하늘을 날듯한 기쁨도, 고통스러운 순간들도 시간이 지나면 평상시의 상태로 되돌아오는 인간 심리를 꿰뚫은 지혜의 말이었습니다.

행복의 자동 온도 조절 장치

3000년 전 솔로몬의 지혜를 현대판으로 증명한 사람들이 하버드대 대니엘 길버트Daniel Gilbert 교수를 포함한 심리학자들입니다. 그들은 18세에서 60세에 이르는 성인 남녀 수백 명을 20년간 연구한 결과 한가지 일관된 사실을 발견했습니다.

사랑하는 애인과 이별, 사업의 실패와 성공, 직장에서 승진과 갈등, 결혼이나 이혼했을 때 그 불행감이나 행복감의 효과는 일시적이라는 것이었습니다. 사람들은 일정 기간 행복하거나 불행한 기분에 젖었다가 다시 본인의 원래 기분으로 돌아왔습니다. 고통과 행복한 순간들을 일정 시간 거치고 다시 자신의 본래 행복 수준으로 되돌아오는 현상을 심리학자들은 '행복의 자동 온도 조절 장치'라고 부릅니다.[22]

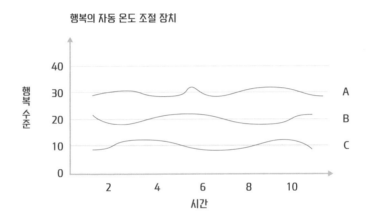

행복의 자동 온도 조절 장치

표에서 보듯이 A는 30, B는 20, C는 10에 행복의 기본 수준이 정해져 있습니다. 특정 상황에 따라 출렁거리다가도 시간이 지나면 다시 자신의 행복 기본 수준으로 돌아오게 됩니다.

가만히 눈을 감고 한번 생각해 보세요. 당신이 1년 전에 심각하게 생각했던 걱정을 지금도 하고 있나요? 지금의 고민과 걱정을 1년 후에도 계속하고 있을까요? 각자 기간과 정도는 다르겠지만 일정한 시간이 지나면 대부분 원래 상태로 돌아오게 될 것입니다. 그래서 중요한 것은 행복의 기본 수준을 높이는 것입니다. 행복의 기본 수준을 높이는 회복 탄력성에 대해서 알아보겠습니다.

마음의 근육 키우기

회복 탄력성은 시련이나 어려움에 직면했을 때 이를 이겨내는 힘입니다. 다른 말로 하면 역경과 실패를 발판으로 더 높이 도약하는 힘을 말합니다. 누구나 내면에 지닌 타고난 힘이죠. 다만 아쉬운 점은 역경을 극복하는 힘과 도구가 원석처럼 묻혀있는데도 개발하는 방법을 몰라 잠재되어 있다는 것입니다. 마치 우물에서 물을 길어내면 낼수록 계속해서 물은 솟아나는데 물 긷는 법을 모르는 것과 같은 거죠.

운동을 통해 강한 자극을 받으면 근육은 이를 견디기 위해 저항하는 과정을 거칩니다. 근섬유에 상처가 생기고 회복하는 과정에서 근육은 더 탄탄하고 탄력적으로 되지요. 이처럼 마음의 근육인 회복 탄력성도 훈련을 통해서 강하고 단단하게 할 수 있습니다.

그럼 마음의 근육, 회복 탄력성을 어떻게 높일 수 있을까요? 우리의 뇌와 밀접한 관련이 있습니다. 최근 뇌 과학 연구 결과에 따르면 사람은 뇌를 자주 사용하면 뇌의 구조가 바뀐다고 합니다. 즉 생각, 행동, 경험의 변화에 적응해 뇌는 계속 변하지요.

특정한 노력을 하는 순간부터 뇌에서는 새로운 회로가 생겨나는데 이를 '신경 가소성'이라고 합니다. 신경 가소성에 대한 연구 결과는 회복 탄력성을 키우는 데 결정적인 도움을 주는 요인으로 작용합니다.

한마디로 회복 탄력성을 강화하는 특별한 행동을 하여 뇌 회로를 재구성하면 되는 것이죠. 어떤 행동을 해야 할까요? 긍정적인 생각하기, 자신의 강점 찾기, 감사하기, 운동하기 등입니다. 특히 긍정적인 생각을 반복적으로 하면 뇌의 긍정성에 관련된 신경 회로의 연결과 조직화는 더욱 강화됩니다. 그러면 상대적으로 염려, 두려움, 불안과 관련된 신경 회로는 위축됩니다.[23] 여기서는 사건의 재해석을 통해 긍정적인 생각을 하는 방법에 대해서 자세하게 알아보겠습니다.

ABC 연결고리와 재해석

긍정 심리학자 마틴 셀리그먼Martin Seligman은 어떤 환경이나 사건을 긍정적으로 해석하기 위해 'ABC 연결고리: 사건Accident-믿음(재해석) Belief-결과Consequence'가 필요하다고 했습니다.

ABC 연결고리

흔히 우리는 어떠한 사건이 곧바로 우리의 감정이나 행동을 유발하는 특정한 결과를 가져온다고 생각합니다. 그렇지 않습니다. 사건과 결과 사이에는 우리의 믿음(재해석)이라는 연결고리가 있습니다. 즉 똑같은 사건이라도 어떻게 재해석하느냐에 따라 결과도 달라집니다. 사례를 하나 들어보겠습니다.

아우슈비츠 수용소는 제2차 세계대전 중에 폴란드에 있던 독일의 강제 수용소이자 집단 학살 수용소입니다. 가스, 총살, 고문, 질병, 인체 실험 등으로 400만 명이 학살된 곳입니다.

빅터 프랭클Viktor Frankl은 제2차 세계대전 때 아우슈비츠 수용소에 수감 되었다가 살아서 돌아온 유대인 심리학자이자 의사입니다. 그가 정신과 의사를 할 때 있던 일입니다. 아내가 사망한 후 아내를 그리워하며 우울증으로 고통스럽게 살아가는 의사가 있었습니다. 그가 빅터 프랭클을 찾아와 말합니다.

"아내가 죽고 나니 삶의 의미가 없습니다. 하루하루가 너무 고통스럽습니다."

빅터 프랭클이 질문했습니다.

"만약 선생님께서 부인보다 먼저 죽고 부인만 혼자 살아 있었으면 어땠을까요?"

그는 "아! 그런 일은 생각만 해도 끔찍한 일입니다. 아내는 나 없으면 혼자 못 살아요. 산다고 해도 엄청난 고통을 겪을 거예요. 상상도 하기 싫은 일이네요"라고 말했습니다. 빅터 프랭클이 말했습니다.

"선생님이 부인이 없는 고통을 겪고 있으니까 역설적으로 부인은 그런 끔찍한 고통을 안 겪은 겁니다."

이 말을 듣고 그 의사는 잠시 생각을 하더니 진료실을 나갔고, 이후로는 병원을 찾지 않았습니다.[24] 자, 이 사례를 'ABC 연결고리'로 분석해 보겠습니다.

① **사건**Accident: 아내가 죽었다. 그로 인해 우울증으로 고통스럽게 살아간다. 이 사건을 재해석하지 않으면 계속 고통스럽게 살아가야 한다.

② **믿음**(재해석)Belief: 아내보다 남편이 먼저 죽었으면 혼자 남은 아내가 엄청난 고통을 겪지 않겠는가?

③ **결과**Consequence: 차라리 아내가 먼저 죽는 게 더 낫다고 생각을 하

니 고통스러운 마음이 사라졌다.

결국 그 사람이 겪는 사건이 문제가 아니라 그 사건을 어떻게 받아들이냐(재해석)에 따라 결과도 달라진다는 것입니다. 그래서 빅터 프랭클은 인간이 갖는 선택의 자유를 다음과 같이 표현했습니다.

"자극과 반응 사이에는 공간이 있다. 그 공간에는 자신의 반응을 선택할 수 있는 자유와 힘이 있다."

자극과 반응 사이에 있는 공간을 어떻게 활용하느냐에 따라 인간의 행복과 성장이 좌우된다는 것입니다.

혹시, 지금 당신도 힘들고 어려운 상황에 놓여 있나요? 잠시 눈을 감고 지금 부딪힌 사건을 긍정적인 방향으로 재해석해 보세요. 지금보다 희망적인 삶을 살 수 있을 것입니다.

굴곡이 많은 사람이 더 멀리간다

고대 그리스 로마의 철학자 에픽테토스Epictetus는 "인간은 상황 자체가 아니라 그 상황을 바라보는 관점 때문에 고통을 받는다"라고 했습니다. 같은 사람, 같은 상황, 같은 사물일지라도 바라보는 관점이 바뀌면 모든 것이 달라집니다. 바라보는 시선과 생각이 달라지고, 행동과 결과까지 달라집니다. 관점을 다르게 하면 절망과 포기할 상황에서도 새로운 길이 열립니다.[25]

암에 걸렸을지라도 '고질병'이라고 생각하는 사람에게 암 치유율은 38%에 그치지만, 점하나 붙여서 '고칠 병'이라고 믿는 사람에게는 암 치유율이 70%까지 올라간다고 합니다.

영화 〈미나리〉로 영화 100년 역사상 처음으로 아카데미 여우 주연상을 받은 윤여정, 그는 반세기 넘는 연기 인생의 원동력을 '열등 의식'이라고 했습니다. 윤여정은 결혼, 출산, 이혼, 공백기 등 힘든 삶의 과정을 거쳤습니다. 한때는 미국의 식료품점에서 일하며 혼자 힘으로 두 아들을 양육하고 어머니를 봉양해야 할 정도로 힘든 생활을 했습니다. 그에게 연기는 결코 자아실현이 아니었습니다. 연기는 생계였습니다. 윤여정은 "정말 먹고 살려고 했기 때문에 저한테는 대본이 성경 같았다"라고 말했습니다.[26]

세계적인 발레리나 강수진이 처음 해외에 나갔을 때는 해외의 선수들과 함께하는 무용에도 못 낄 정도였습니다. 이럴 때 보통 사람들은 '내가 독일인 또는 서양인이 아니어서'라고 생각할 수 있습니다. 하지만 강수진은 '나는 경험이 부족해서 아직 더 배워야 한다. 연습을 더 해야 한다'라고 생각했습니다. 만일 강수진이 인종을 탓하고 민족을 탓했으면 그 순간부터 의욕과 동기는 사라져 버렸을 것입니다.[27] 강수진은 경험과 실력이 자신의 문제라고 생각했기에 피눈물 나는 혹독한 연습을 이겨 낼 수 있던 거죠.

요즘 스트레스를 많이 받고 있나요? 스트레스Stress를 스트렝스Strength로 생각해 보세요. 관점을 전환했을 때 생각과 행동이 달라집니다.

고졸 출신 삼성 임원이 되기까지

제가 대대장 근무를 하면서 알게 된 김병주 전무는 고졸 출신으로 삼성그룹 임원이 된 분입니다. 그는 방송통신대학교에서 공부한 덕분에 임원이 될 수 있었다고 했습니다. 그가 어린 시절에는 집이 가난하여 오죽했으면 배가 고파 장독대 위에 대나무 소쿠리에 삶아 놓은 보리밥을 물에 말아 먹을 정도였습니다. 가난해서 고등학교도 진학할 수 없었습니다. 더 공부하고 싶어서 부모님 반대를 무릅쓰고 무작정 서울로 올라왔습니다. 낮에는 일을 하고 밤에는 야간 공업 고등학교를 다녔습니다. 혼자 단칸방에서 자취하면서 연탄불에 중독되는 등 어려운 고비를 수없이 겪었습니다. 주변에서 상업 고등학교를 졸업해야 은행에 취직이 잘 된다는 말을 해서 야간 공업 고등학교를 그만두고 상업 고등학교 2학년으로 다시 편입했습니다. 그리고 대학 진학을 앞두고 군 복무가 코앞에 닥쳐와서 공군 부사관으로 지원했습니다. 군 생활 중에도 꿀 같은 휴가를 아껴 가며 방송통신대학교에서 공부를 했습니다.

전역 후에 삼성그룹 고졸자 공채에 합격을 했습니다. 명문대 출신 동료들에게 뒤지고 싶지 않아서 이를 악물고 눈물겹게 공부를 계속했습니다. 결국 방송통신대 학사 과정을 마치고 석사 학위까지 취득했습니다. 성실함과 능력을 인정받아 과장·차장·부장 승진 때 체류 연한보다 1년씩 빨리 발탁 승진을 했습니다.

드디어, 삼성그룹 입사 25년 만에 고졸 입사자 최초로 꿈에 그리던 삼성 인사담당 임원으로 승진을 했습니다. 퇴임 후에는 아주대학교 경영대에 무보수로 자원을 하여 정성을 다해 학생들 진로 및 취업 지도를 해 주었습니다. 지금은 교수가 되어 아주대학교 경영대학 취업·진로 상담 센터장을 맡고 있습니다. 김병주 교수는 항상 이야기합니다.

"오늘날 내가 이렇게 되기까지 가장 큰 영향을 미친 것이 공부였다.

힘들어도 그때 공부하지 않았다면 오늘의 나는 없었을 것이다."

골프공은 원래 매끄러운데 공기 저항을 줄여 공을 멀리 보내기 위해서 굴곡 있게 만들었다고 합니다. 이처럼 고통 없이 매끄러운 사람보다 시련의 굴곡이 많은 사람이 더 멀리 갈 수 있습니다. 인생을 살다 보면 무수히 많은 시련이 있습니다. 피할 수 없는 시련을 묵묵히 참고 가면 어느새 시련은 떠나가고 희망이 열리게 됩니다.

시련과 맞서 싸우는 인간을 그린 어니스트 헤밍웨이Ernest Hemingway의 『노인과 바다』에서 인상적인 대사가 나옵니다. 늙은 어부 산티아고가 상어와 힘겨운 싸움을 하면서 한 말입니다.

"하지만 인간은 패배하기 위해 태어난 것이 아니야. 인간은 파괴될 수는 있지만 패배하지는 않는 거야."

누구나 삶이라는 바다 한가운데서 좌절하고 절망해 본 경험이 있을 것입니다. 이때 『노인과 바다』의 산티아고처럼 속으로 되뇌어 보세요.

"인간은 파괴될지언정 패배하지 않는다."

07
지금 당장 행복해지는 마법

"인간의 가장 깊은 욕구는 무엇일까요?"

의미와 목적을 찾는 욕구를 충족시켜라

세계적인 비즈니스 컨설턴트 브라이언 트레이시Brian Tracy는 "인간의 가장 깊은 욕구는 일과 인생에서 의미와 목적을 찾으려는 욕구"라고 했습니다.

저도 육사 생도 시절에 군 생활이 정해진 철로를 가는 것처럼 답답하게 느껴질 때가 있었습니다. '어떻게 하면 한 번뿐인 인생을 가치 있게 살 수 있을까?'라는 문제로 심각하게 고민을 했습니다. 그 답을 찾으려고 1년에 250권의 책을 읽고, 멘토들의 조언도 들었습니다. 그 결과 저는 어떤 순간에서도 의롭게 살아야겠다고 다짐했습니다. 그 후로 '의로운 삶'이라는 단어가 항상 제 머릿속에 자리 잡고 있어서 어떤 일을 판단할 때 기준이 되어주었습니다.

제가 중령으로 진급한 후 아내의 건강이 출산 때문에 급격하게 나빠졌습니다. 저는 '육아 휴직을 해야 하는가? 대대장을 해야 하는가?' 고민했습니다. 결국 육아 휴직 1년을 선택했습니다. 만일 제가 '의로운 삶'에 대해서 꾸준히 성찰하지 않았으면 진급에 불리한 요소로 작용할 수 있는 육아 휴직을 쉽게 하지 못했을 것입니다.

사람들은 자기가 생각하는 어느 한 단계에 이르면 행복할 것이라고 막연한 생각을 하고 살아갑니다. 좋은 대학교를 목표로 열심히 공부하고, 대학교를 졸업하면 좋은 직장을 얻기 위해서 노력합니다. 취직하면 결혼하기 위해서 돈을 모으고, 결혼하면 전셋집을 구하기 위해서 허리띠를 졸라맵니다. 자식 키우느라 고생하면서 내 집 장만을 위해서 노력합니다. 간신히 내 집 장만하고 나면 이제 노후 준비를 해야 합니다. 자녀들 결혼시키려면 돈이 들어갑니다. 어느새 얼굴에는 주름이 늘고 흰머리가 나고 벌써 60대에 접어듭니다.

한번 생각해 보세요. 당신이 지금 모든 노력을 쏟고 있는 그것이 이루어지면 정말 행복해질까요? 물론 행복해집니다. 문제는 그 행복이 오래 유지되지 않는다는 데 있습니다. 이유가 뭘까요? 아무리 기쁜 일이더라도 시간이 지나면 우리 뇌가 본능적으로 그것에 적응해 버리기 때문입니다. 더 이상 기쁘거나 행복하다고 느끼지 못합니다. 이것이 바로 '쾌락 적응'입니다.[28] 아이스크림을 처음 한입 먹을 때는 너무 좋지만 계속 먹다 보면 맛을 못 느끼는 것과 같은 이치입니다. 물질적 풍요, 명예나 권력만으로는 진정으로 행복해질 수 없습니다. 그럼 어떻게 해야 할까요?

긍정 심리학자들은 한결같이 의미 있는 삶을 살아야 한다고 말합니다. 의미 있는 삶이란 자신의 강점을 살려 공동체를 위해 봉사하는 삶입니다.[29]

인생의 의미와 목적에 대해서 생각할 때 한 사람이 떠오릅니다. 충청남도 태안에 있는 천리포 수목원의 설립자 민병갈 원장(1921~2002)입니다. 그는 말했습니다.

"내가 죽은 뒤에도 자식처럼 키운 천리포 수목들은 몇백 년 더 살며 내가 제2의 조국으로 삼은 한국에 바친 마지막 선물로 남기를 바랍니다."

민병갈 원장은 1945년에 미군 정보장교로 입국한 뒤 한국에 정착하였고 1979년에 한국인으로 귀화하였습니다. 그가 50세 나이에 전기도 들어오지 않는 지역, 30cm만 파도 염분 섞인 흙이 나오는 박토에서 세계가 알아주는 수목원을 만들어 낼 거라고는 아무도 생각하지 못했습니다. 더욱이 그는 식물에 대한 지식이나 경험이 없었습니다. 그러나 정성을 들여 종자를 채집하고 생명을 키워냈습니다. 어린 자식 같은 나무들을 살리기 위해 끊임없이 책을 읽었고, 필요한 것들을 메모하고 연구했습니다. 천리포 수목원의 운영비를 조달하려고 80세가 넘어서도 주중에는 서울에 올라와 증권 회사 고문으로 일을 했습니다.

결국 그는 해냈습니다. 그가 조성한 천리포 수목원은 2000년에 아시아 최초로 국제수목학회가 지정한 세계의 아름다운 수목원Arboritum Distinguished for Merit이 되었습니다.

민병갈 원장은 병상에 누워 생의 마지막 순간까지 자신이 사랑했던 수목원의 나무들이 언제까지 훼손되지 않고 영원하기를 간절히 바랐습니다.

평생을 일군 수목원을 제2의 조국으로 삼은 한국에 마지막 선물로 바친 민병길 원장. 그가 이 땅에 심은 것은 나무만이 아니었습니다. 그가 제2의 조국 대한민국에 바친 40년의 세월은 우리의 마음속에 꿈과 희망을 심어주었습니다. 그의 삶이 지금도 아름다운 향기로 가득합니다.

분주한 삶을 살면서도 누구나 한 번쯤은 문득 자신의 삶을 돌아보게 될 것입니다. 그때 남을 위해 살아온 흔적이 없는 사람은 자신이 이룬 성취가 많아도 아쉬움을 느낄 것입니다. 자신만을 위한 삶의 한계인 거죠. 삶의 경험이 풍부한 사람들은 지금도 진심으로 조언을 합니다. 진정한 자기 인생의 의미를 찾게 하는 보람 있는 일을 꾸준히 하라고.

동메달이 은메달보다 만족스러운 이유

미국 코넬대학교 심리학과 연구팀은 1992년 스페인 바르셀로나 올림픽 때 TV로 중계된 선수들의 표정을 통해 감정 상태를 살펴보는 흥미로운 연구를 했습니다.[30] 20명의 은메달리스트와 15명의 동메달리스트를 대상으로 시상식 장면을 분석했습니다. 선수들의 표정이 '비통'에 가까운지 '환희'에 가까운지를 10점 만점으로 만족도를 평가했습니다. 연구 결과는 동메달을 딴 선수들의 만족도가 더 높게 나왔습니다.

·은메달을 딴 선수들의 만족도: 4.8점
·동메달을 딴 선수들의 만족도: 7.1점

동메달을 딴 선수의 만족도가 더 높게 나온 이유가 뭘까요? 비교 때문입니다. 은메달을 딴 선수는 자신의 만족도를 금메달과 비교했습니다. 실수만 하지 않았으면 금메달을 딸 수 있었을 것이라 생각한 거죠. 반면에 동메달을 딴 선수들은 만족도를 '노메달'과 비교했습니다. 잘못했으면 4위에 그칠 뻔했다고 생각한 거죠.

이 연구를 통해 알게 된 사실은 성취에 대한 만족도는 무엇과 비교했느냐에 따라 결과가 다르게 나타난다는 것입니다.

진정한 마음의 자유를 누리려면 비교하지 말아야 합니다. 가족과 단란한 외식, 어렵게 장만한 자기 집, 고장 없는 승용차, 건강하게 자라는 자식들……. 이런 일들은 그 자체만으로도 즐겁고 행복합니다. 그런데

남들과 비교하기 시작하면 만족도가 바로 떨어집니다.

"더 넓은 평수에서 살아야 하는데."

"더 좋은 차를 타야 하는데."

"옆집 애들은 좋은 대학교에 갔다는데."

이렇게 비교하기 시작하면 자신의 삶이 고단해집니다.

남들과 비교하기보다 자신과 비교해 보세요. 과거보다 내가 얼마나 성장했는지, 계획했던 목표를 내가 얼마나 이뤘는지를 비교하면 훨씬 생산적입니다. 남들과 비교를 멈추는 순간 지금 바로 행복해질 수 있습니다.

내 인생 최고의 칭찬을 선물하라

부하들은 상급자의 칭찬 한마디에 목말라합니다. 물론 상급자들도 마찬가지입니다. 리더십 교육을 할 때 '가장 기억에 남는 칭찬, 그 칭찬을 들었을 때 어떤 느낌이 들었는가?'에 대해 발표하는 시간이 있습니다. 그때 나온 내용입니다.

·상급자가 믿는다고 했을 때 약간 부담은 되었지만 기분이 좋고 소신껏 일할 수 있었습니다.

·상급자가 잘했다고 칭찬해 주니 일하면서 쌓인 모든 피로가 한순간에 다 씻겨 나갔습니다.

·"네가 있어서 다행이다." 이 말을 들으니 존재감이 커져서 더 열심히 일을 했습니다.

·"역시 잘하네." 이 말을 들었을 때 '역시'라는 말에 저에 대한 기대가 있고, 제가 그 기대에 부응하고 있다고 생각되어 뿌듯했습니다.

·2주간 야근하면서 보고서를 만들었는데 부서원들로부터 "고생했습니다. 저희가 할 것은 다 한 거 같습니다"라고 칭찬을 들었을 때 부서원들이 제 마음을 알아주는 거 같아 정말 좋았습니다.

"중대장님과 함께라면 어디든지 갈 수 있습니다."

중대원들이 이 말을 했을 때 저를 믿어주는 진실한 마음이 느껴져서 정말 좋았습니다.

칭찬받은 순간을 발표하는 학생 장교들의 표정은 밝았습니다. 듣고 있는 저도 절로 기분이 좋아졌습니다. 긍정적인 기운이 금세 교실에 번져가는 것을 느낄 수 있었습니다.

질책을 자주 하고 칭찬에 인색한 부서장 K 대령이 있었습니다. 부서원들이 K 대령 생일날 『칭찬은 고래도 춤추게 한다』라는 책을 선물했습니다. "제발 칭찬 좀 자주 해 주세요"라는 말을 간접적으로 전달한 거죠. 다음날 K 대령이 부서원들을 모이게 했습니다. 부서원들은 뭔가 변화된 K 대령의 모습을 내심 기대했습니다. K 대령이 말했습니다.

"책 잘 읽었다. 돌고래도 칭찬받기 위해서 몸부림을 치는데 너희들은 도대체 뭐 하는 거냐? 제발 칭찬받을 일을 해봐라!"

그 후로 부서원들의 얼굴은 더 어두워졌다고 합니다.

칭찬의 효과가 좋다는 것은 누구나 아는데 실제로 칭찬하기는 쉽지 않습니다.

특히 리더가 "결과로 말해"라고 하면 자칫, 과정 중에 흘린 땀과 노력, 끈기를 소홀히 할 수 있습니다. 지금 구성원이 노력하고 있는 과정을 잘 살펴보세요. 과정 중에 노력한 일들을 칭찬하면 돈 안 들이고 할 수 있는 최고의 동기 부여가 될 것입니다.

저는 최근 3년 동안 매일 3가지 감사와 2가지 칭찬을 하고 있습니다. 아침에 출근하면 포스트잇 한 장을 꺼내서 '3감 2칭'이라고 적어둡니다. 이때부터 저의 뇌는 '감사'와 '칭찬'을 탐색하기 시작합니다. 아침에는 내용이 없는 빈 종이인데 오후가 되면 감사와 칭찬할 일들이 떠오릅니다. 매일 감사와 칭찬을 하다 보니 제 생각도 변했습니다. 그전에는 제가 지시한 업무를 부서원들이 수행할 때 당연하다고 생각했습니다. 이제는 그 자체가 감사로 느껴집니다. 결국 감사와 칭찬을 자주 하면 가장 많은 혜택을 받는다는 사람은 바로 자신인 것을 알게 되었습니다.

칭찬하고 감사할 일이 많은데도 표현을 안 하니까 넘어갈 때가 많지 않나요? 표현하지 않는 사랑은 사랑이 아니라는 말이 있죠. 마음속에 생각하는 고마운 사람들이 있나요? 망설이지 말고 진심을 담아 지금 바로 표현해 보세요.

"당신은 내가 더 좋은 사람이 되고 싶게 만들어요."

잭 니콜슨Jack Nicholson이 주연한 영화 〈이보다 더 좋을 순 없다〉에 나오는 명대사입니다. 누군가 나를 위해서 자신이 변해야겠다고 생각할 만큼 사랑해준다는 걸 느끼는 순간의 감정은 어떨까요?

걱정도 나이를 먹는다

하버드대 심리학과에서는 사람들의 걱정 중 거의 99% 이상은 현재 상황에는 불필요하다고 분석했습니다.[31] 걱정이 불필요한 걸 알면서도 계속 걱정이 드는 걸 어떻게 해결해야 할까요? 3가지 방법을 알려드리겠습니다.

첫째, 걱정도 나이를 먹는다고 생각하세요. 이 말은 지금 생각하는 많은 걱정도 세월이 흐르면 충분히 감당할 수 있는 일로 변한다는 말입니다. 이 사실을 알기만 해도 마음이 한결 편해질 수 있습니다. 사람들은 걱정하다가 좌절도 합니다. 그러다가 다시 용기를 내어 안 하던 행동도 해 보고 계속 도전을 하면서 발전을 거듭해 왔습니다. 결국 적당한 걱정이 인류를 생존하게 만든 점도 있는 거죠. 그 누구도 걱정을 안 하고 살 수는 없습니다. 다만 적당히 걱정하고 해결하자는 것입니다. 지금 반드시 해결해야 할 걱정은 다음 5가지 단계를 적용해 보세요

1단계: 지금 내가 걱정하고 있는 문제를 나열한다.
2단계: 걱정하고 있는 문제에 대해 개괄적인 사실을 파악한다.
3단계: 현재 상태에서 내가 할 수 있는 방법을 기록한다.
4단계: 가장 먼저 할 수 있는 일을 결정한다.
5단계: 결정한 일을 즉시 실천에 옮긴다.

둘째, 항상 바쁘게 움직이는 것도 걱정을 해소하는 좋은 방법입니다.
프랑스 출신 과학자 루이스 파스퇴르는 도서관과 실험실에서 어떻게 평화를 찾을 수 있었느냐는 질문에 "연구에 몰두하느라 걱정할 여유가 없다"라고 했습니다.
실제로 연구에 전념하는 사람 가운데 신경 쇠약에 걸리는 사람이 거의 없다고 합니다.[32] 분주한 일이 왜 걱정과 불안 해소에 도움이 될까요? 우리 뇌는 한 번에 두 가지 것을 생각하지 못합니다. 한 가지 일에 몰두하면 다른 생각을 못 하는 거죠.

셋째, 어쩔 수 없는 일들은 받아들이는 것도 삶의 지혜입니다. 소크라테스Socrates를 시기하고 질투하던 아테네의 일부 사람들은 그에게 무고죄를 씌워 사형 판결을 받도록 했습니다. 그에게 호의를 가지고 있던 간수장은 소크라테스에게 독배를 권하면서 말했습니다.

"불가피한 일은 조용히 감내하십시오."

소크라테스는 그 말에 순종했고, 결국 신에 가까운 평정과 인종으로 죽음을 맞이했습니다.[33]

자기가 바꿀 수 없는 삶의 충격을 흡수하지 않고 저항만 하면 어떻게 될까요? 끊임없이 고민하고 걱정하다가 마음에 병이 들고 신경 쇠약에 걸리게 됩니다.

마지막을 먼저 생각하라

작전 수행 중 불의의 사고로 한쪽 다리를 절단하고도 꿋꿋하게 살아가는 한 사람이 있습니다.

동부 전선 최전방 경계 작전을 담당하는 수색중대장 이태희 대위. 2005년 10월 12일, 그는 8명의 중대원과 함께 전기톱과 낫을 가지고 나무와 잔가지를 치면서 작전을 수행하고 있었습니다. 이 대위는 선두에서 나무를 자르고 중대원들은 10~20m 떨어진 거리에서 기둥이 잘린 나무의 잔가지를 자르면서 뒤따라오고 있었습니다.

이 대위가 나무를 자르고 있었는데 전기톱이 나무에 끼어 움직이지 않았습니다. 힘을 주어 전기톱을 빼내려고 오른발을 옆으로 움직이는 순간 '꽝'하는 소리와 함께 그는 그 자리에서 쓰러졌습니다. 인간이 만든 가장 비열한 지뢰라고 불리는 '발목 지뢰(M14 대인 지뢰)'가 터진 것이죠. 순간 그의 오른발에 뼛속까지 파고드는 고통이 밀려왔습니다. 몸 아래를 내려다보니 오른쪽 발등이 보이지 않았습니다. 발등은 없어지고 찢어진 전투화 사이로 살만 너덜너덜 남아 있었습니다. 차마 두 눈을 뜨고 볼 수 없어 고개를 돌렸습니다. 이 대위는 이 순간이 믿기지 않았죠. 왜 나에게 이런 일이 일어났을까? 모든 것이 원망스러웠습니다. 순간 정신을 차리고 다른 중대원들의 안전을 확인했는데 다행히 추가 피해는 없었습니다. 현장에서 응급 지혈을 한 후에 헬기로 국군수도병원으로 후송되었습니다. 2시간 넘는 응급 수술, 6번의 추가 수술을 했지만 지뢰 화약 감염으로 결국 오른쪽 무릎 아래 다리를 절단하였습니다.

수술이 끝나고 마취에서 깨어난 그는 절망했습니다. 35년간 멀쩡했던 다리가 한순간에 사라졌기 때문입니다. 처참한 현실을 받아들일 수 없었습니다. 화도 나고, 좌절감이 물밀 듯이 몰려왔습니다. 사랑하는 아내와 아이들을 생각하니 두 눈에서는 하염없이 눈물만 흘러내렸습니다.

미래가 보이지 않는 절망적인 순간, 그의 뇌리에 한 단어가 번뜩 스쳐갔습니다. 바로 '죽음'이었습니다. 이 대위는 그 어떤 고통도, 사회적 편견도 죽는 것보다는 낫다고 생각했습니다. 이렇게 생각을 전환하니 가능성이 보였습니다. 한쪽 다리가 없어도 군대에서 자신이 할 수 있는 일을 하면서 근무할 수 있다고 생각했습니다.

이 대위는 현역으로 다시 돌아가고 싶다는 의지를 적극적으로 피력했습니다. 7개월간 힘겨운 재활 치료를 마치고, 2006년 6월 15일, 이 대위는 소속 부대로 당당하게 복귀했습니다. 이 대위는 그 후로 각종 어려움을 딛고 성실하게 임무를 수행했고 지금은 대령으로 진급해서 계속 근무하고 있습니다.

그는 말합니다.

"저는 지금도 힘들고 어려운 일에 직면할 때면 '죽음'을 생각합니다. 죽음 앞에서는 모든 것이 숙연해지기 때문입니다"

저는 이태희 대령과 같은 부서에서 5년 동안 함께 근무했습니다. 이태희 대령은 항상 오른발에 의족을 하고 다닙니다. 부대 행사 참여, 임무 수행, 다양한 운동 등 이태희 대령은 모든 부대 활동을 부대원들과 똑같이 합니다.

제가 한국과학기술원KAIST 학생(전문연구요원)들에게 리더십 교육을 할 때 이태희 대령을 직접 초대해서 그의 진솔한 이야기를 직접 들려주었습니다. 고된 연구 생활에 지치고 힘든 학생들이 죽음 앞에서도 희망을 찾은 이태희 대령의 삶을 보면서 새로운 힘을 얻는 것을 보았습니다.

혹시 여러분 중에도 지금 고통스럽고 힘든 일로 괴로워하는 분이 있나요? 이태희 대령처럼 삶의 마지막 순간인 '죽음'을 생각해 보세요. 전혀 생각하지 못했던 또 다른 가능성이 열릴 것입니다.

살아 있는 사람에게 꽃을 보내라

미국 코넬대학교 칼 필레머Karl Pillemer 교수는 인생의 성공과 행복에 관한 수많은 책과 강연의 홍수 속에 살아가면서도 '왜 우리는 여전히 불행한가?'라는 의문을 가졌습니다. 이 답을 얻기 위해 5년에 걸쳐 1000명이 넘는 70세 이상의 각계각층의 사람들을 대상으로 질문과 인터뷰 등 연구를 통해 중요한 사실들을 발견했습니다.[34] 그중에 하나가 '후회 없는 삶을 위해서는 바로 지금 해라'였습니다.

"젊은이들이여! 살아 있는 사람들에게 꽃을 보내게. 세상을 떠나고 나면 꽃을 보낸들 무슨 소용이 있겠나? 다음 주까지 기다리지 말게. 다음 주에 그 사람이 이 세상에 없을 수도 있지 않나? 누군가를 원망하고 있다면 당장 바로 잡게나. 다음 기회는 없을지도 모른다네. 내 아내는 희소병을 앓다가 죽었네. 살아 있을 때 아내와 대화를 많이 나누지 못한 게 너무 후회돼. 지금이라도 아내에게 이 말을 꼭 해 주고 싶네. 당신은 내가 진심으로 결혼하고 싶었던 처음이자 마지막 사람이라고……, 그 말을 꼭 해야 했는데…… 하지 못했지."

흔히들 "나중에 밥 한번 먹자!"라는 말을 하지요. 이 말을 하고 아직까지 밥을 못 먹은 사람도 있지요? 이제 이 말을 더 이상 하지 말아야겠습니다. 대신에 "오늘 저녁에 밥 먹자. 오늘 안 되면 식사 날짜를 바로 정하자"라고 해 보세요. 여행도 미루지 말고 지금 계획을 세우세요. 오늘은 남은 인생에서 가장 젊은 날입니다. 오늘은 어제 죽은 사람이 그렇게도 기다렸던 내일입니다. 오늘의 문이 닫히기 전에 칭찬도 감사도 사랑도 표현해 보세요. 감사와 사랑을 표현할 줄 아는 당신은 훌륭한 리더입니다. 멋있고 능력 있는 리더로 오랫동안 기억될 것입니다.

아프리카의 성자 알버트 슈바이처Albert Schweitzer 박사는 고백했습니다.

"어린 시절을 돌아보면 아주 많은 사람이 나를 도와주었다는 사실을 깨닫게 됩니다. 그런데 나를 도와준 사람들에게 감사를 표현하기도 전에, 그들 대부분이 세상을 떠났습니다. 그 생각을 하면 마음이 아픕니다."

Epilogue
결핍은 리더의 성장 에너지다

이제 끝났습니다. 여기까지 읽으시면서 '나는 너무 부족한 리더다'라고 생각한 분이 있나요? 결핍을 많이 느끼셨다면, 그만큼 성장 가능성이 큰 리더입니다.

일본에서 '경영의 신'으로 불리는 마쓰시타 고노스케는 3가지 결핍을 느꼈습니다. 가난, 허약, 짧은 지식. 그는 이 3가지 결핍을 성공의 에너지로 모두 전환했습니다. 가난해서 부지런히 일했고, 허약해서 건강 관리에 더 힘을 썼고, 못 배운 덕분에 모두를 스승 삼아 항상 배우려는 마음가짐으로 살았다고 했습니다.

도스토옙스키Dostoevskii가 빚에 쪼들리지 않았으면 책을 쓸 필요가 없었을 것이라고 이야기하는 사람들도 있습니다.

저도 "아빠는 공감 능력이 없어요"라는 말을 듣는 순간 공감 능력, 더 나아가 리더십의 결핍을 느끼고 이 책을 쓰기 시작했습니다.

고대 그리스의 철학자 플라톤은 행복을 위한 5가지 조건을 말했습니다.

첫째, 먹고 입고 살기에 조금은 부족한 재산. 둘째, 모든 사람이 칭찬하기에는 약간 부족한 외모. 셋째, 자신이 생각하는 것의 반밖에 인정하지 못하는 명예. 넷째, 남과 겨루어 한 사람은 이겨도 두 사람에게는 질

정도의 체력. 다섯째, 연설했을 때 듣는 사람의 반 정도만 손뼉을 치는 말솜씨. 플라톤은 행복의 조건을 완벽함이 아닌 부족함에서 찾았습니다. 부족함을 채워 나가는 과정에 행복이 있다고 생각한 것이죠.

오스트리아 정신의학자 알프레드 아들러Alfred Adler는 "인간의 가장 놀라운 능력 중 하나는 마이너스를 플러스로 만드는 것이다"라고 했습니다.

내가 가진 결핍을 조금만 다른 각도에서 보면 어느 순간 결핍 속에서 빛나는 가능성이 보일 것입니다. 무더운 여름날 격렬한 운동을 하고 갈증을 느낄 때 마시는 물은 빠르게 체내에 흡수됩니다. 이 물은 우리 몸의 곳곳에서 면역 강화, 혈액 순환 등의 역할을 합니다. 이처럼 리더가 결핍을 심하게 느낄수록 리더의 성장 가능성은 더 커집니다.

지금 이 순간에도 험난하고 외로운 리더의 길을 뚜벅뚜벅 가고 있는 모든 리더의 성장과 행복을 응원합니다.

〈참고문헌〉

매뉴얼 1 〈인식〉 나는 어떤 리더인가?

1. 라이언 홀리데이, 『에고라는 적』, 흐름출판(2017), p115-117

2. 김성회, 『센 세대, 낀 세대, 신세대 3세대 전쟁과 평화』, 쌤앤파커스(2020), p219

3. 사이먼시넥, 『리더 디퍼런트』, 세계사(2021), p128-130

4. 신영철, 『신영철 박사의 그냥 살자』, 김영사(2019), p99-100

5. 박창규, 원경림, 유성희, 『마스터풀 코치가 갖추어야 할 코칭 핵심 역량』, 학지사(2022), p215-216

6. 남상훈, 『사람 관계 수업』, 알투스(2019), p263-265

7. 로버트 E. 퀸, 『딥체인지』, 늘봄(2018), p152-157

8. 최인철, 『프레임』, 21세기북스(2014), p106-109

9. 백기복, 『리더십의 이해』, 창민사(2019), p473-481

10. 김경일, 『이끌지 말고 따르게 하라』, 진성북스(2015), p101

11. 정동일, 『사람을 남겨라』, 북스톤(2015), p28-31

12. 정동일, 『사람을 남겨라』, 북스톤(2015), p31-33

13. 최영진, "육군이 변하고 있다는 것을 실감한 역사적 사건", 「국방일보」, 2018년 11월 9일

14. 김무환, 『리더의 시프트』, 허클베리북스(2020), p171-172

15. 이광형, "뇌세포회로 잇는 시냅스, 자꾸 쓰면 7080도 '기억력 회춘'", 「중앙선데이」, 2018년 11월 17일

16. 경향신문 기획, 『심리톡톡 나를 만나는 시간』, 해냄(2015), p146

17. 유효상, 『리더의 오판』, 클라우드나인(2021), p269-273

18. 송의달 에디터, "18년간 매일 새벽 6시 출근·오후 4시 칼퇴근해 '기적' 쏜 CEO", 「조선일보」, 2022년 11월 29일

19. 정태연, "전쟁과 심리학", 「국방일보」, 2015년 7월 20일

20. 고현숙, 『결정적 순간의 리더십』, 쌤앤파커스(2017), p85-88

21. 원선우, "MZ세대 병사 등쌀에… 軍 '대대장 잘 보살펴라'", 「조선일보」, 2021년 9월 2일

매뉴얼 2 〈감정〉 감정이 풀리면 인생이 풀린다

1. 황선미, 『감정이 있으니까 사람이다』, 소울메이트(2014), p33

2. 최성애, 『나와 우리 아이를 살리는 회복 탄력성』, 해냄(2021), p67

3. 마크 브래킷, 『감정의 발견』, 북라이프(2020), p53-54

4. 최성애, 『나와 우리 아이를 살리는 회복 탄력성』, 해냄(2021), p68-69

5. 김이나, 『보통의 언어들』, 위즈덤하우스(2020), p48-49

6. 김윤나, 『말그릇』, 카시오페아(2017), p89-9

7. 김윤나, 『말그릇』, 카시오페아(2017), p67-74

8. 김윤나, 『리더의 말그릇』, 카시오페아(2021), p79

9. 마크 브래킷, 『감정의 발견』, 북라이프(2020), p153-154

10. 마크 브래킷, 『감정의 발견』, 북라이프(2020), p160-161

11. 이지영, 『나는 왜 감정에 서툴까?』, 청림출판(2014), p187-188

12. 김윤나, 『말그릇』, 카시오페아(2017), p76-77

13. 마크 브래킷, 『감정의 발견』, 북라이프(2020), p118-120

14. 이동환, 『나의 슬기로운 감정생활』, 비즈니스북스(2018), p70-74

15. 김용태, 『가짜 감정』, 덴스토리(2014), p174-176

16. 김윤나, 『리더의 말그릇』, 카시오페아(2021), p104-105, 115-116

17. 김이나, 『보통의 언어들』, 위즈덤하우스(2020), p115-116

18. 김용태, 『가짜 감정』, 덴스토리(2014), p185-186

19. 이지영, 『나는 왜 감정에 서툴까?』, 청림출판(2014), p46

20. 이지영, 『나는 왜 감정에 서툴까?』, 청림출판(2014), p98

21. 이지영, 『나는 왜 감정에 서툴까?』, 청림출판(2014), p271-277

22. 이지영, 『나는 왜 감정에 서툴까?』, 청림출판(2014), p105-106, 197-200

23. 이지영, 『나는 왜 감정에 서툴까?』, 청림출판(2014), p203-204

24. 이동환, 『나의 슬기로운 감정생활』, 비즈니스북스(2018), p260-261

25. 이지영, 『나는 왜 감정에 서툴까?』, 청림출판(2014), p237

26. 김용태, 『가짜 감정』, 덴스토리(2014), p178-180

27. 장정빈, 『공감이 먼저다』, 올림(2017), p54

28. 함규정, 『감정을 다스리는 사람 감정에 휘둘리는 사람』, 청림출판(2010), p52

29. 경향신문 기획, 『심리톡톡 나를 만나는 시간』, 해냄(2015), p45-46

30. 민인식, 오정요, 『화내는 당신에게』, 위즈덤하우스(2012), p73

31. 김경일, 『적정한 삶』, 진성북스(2021), p93-94

32. 황선미, 『감정이 있으니까 사람이다』, 소울메이트(2014), p96

33. 쉬셴장, 『하버드 감정 수업』, 와이즈맵(2019), p5

매뉴얼 3 〈공감〉 리더의 삶을 빛나게 하는 공감 능력

1. 크리스티안 케이서스, 『인간은 어떻게 서로를 공감하는가』, 바다출판사(2018), p12-14

2. 박성희, 『인간 관계의 필요충분조건』, 학지사(2014), p298-299

3. 장정빈, 『공감이 먼저다』, 올림(2017), p226-227

4. "Top News Stories", NORTHWESTERN NOW, 2023년 6월 1일 접속, http://www.northwestern.edu/observer/issues/2006/06/22/obama.html

5. Empathy in American students, Stanford University, 2011

6. 로먼 크르즈나릭, 『공감하는 능력』, 더퀘스트(2018), p25

7. 장정빈, 『공감이 먼저다』, 올림(2017), p322-326

8. 강원국, 『강원국의 글쓰기』, 메디치미디어(2018), p119

9. 정혜신, 『당신이 옳다』, 해냄(2021), p128-129

10. 정혜신, 『당신이 옳다』, 해냄(2021), p106-107

11. 마셜B.로젠버그, 『비폭력 대화』, 한국NVC센터(2019), p167

12. 정혜신, 『당신이 옳다』, 해냄(2021), p48-53

13. 정혜신, 『당신이 옳다』, 해냄(2021), p48-53

14. 차희연, 『나는 왜 툭하면 욱할까』, 경향미디어(2016), p338

매뉴얼 4 〈소통〉 술에 취한 듯이 듣고 말하라

1. 에이미 에드먼슨, 『두려움 없는 조직』, 다산북스(2019), p142-144

2. 하지현, 표창원, 최제호, 최정규, 정희준, 전봉관, 금태섭, 『지식 프라임』, 밀리언하우스(2010), p233-236

3. 유효상, 『리더의 오판』, 클라우드나인(2021), p19-20

4. 대니얼 코일, 『최고의 팀은 무엇이 다른가』, 지식하우스(2018), p116-117
   유효상, 『리더의 오판』, 클라우드나인(2021), p256-257

5. "알아서 더 전달하기 어렵다", 네이버 지식백과, 2023년 6월 1일 접속

6. 칩 히스, 댄 히스, 『스틱』, 웅진윙스(2009)

7. 장 도미니크 보비, 『잠수복과 나비』, 동문선(1997)

8. 래리 바커, 키티 왓슨, 『마음을 사로잡는 경청의 힘』, 이아소(2007), p89-98

9. "Listening to People", Harvard Business Review, 2023년 6월 1일 접속

10. 조우성, 『리더는 하루에 백 번 싸운다』, 인플루엔셜(2020), p111-116

11. 박낙원, 『리더는 무엇으로 성장하는가』, 가디언(2015)

12. 김지홍, 『내 삶을 바꾸는 공감』, 맑은나루(2016), p209

13. 마셜 로젠버그, 『비폭력 대화』, 한국NVC센터(2019), p99-105

14. 박낙원, 『리더는 무엇으로 성장하는가』, 가디언(2015)

15. 하지현, 『소통, 생각의 흐름』, 해냄(2014), p115-120

16. 김지홍, 『내 삶을 바꾸는 공감』, 맑은나루(2016), p243-260

17. 박승희, "시리아 해법 180도 바꾼 여기자 질문", 「중앙일보」, 2013년 9월 11일
    한근태, 『고수의 질문법』, 미래의창(2018), p91-92

18. 한근태, 『고수의 질문법』, 미래의창(2018), p130-134

19. 심희정, 『예쁘게 말을 하니 좋은 사람들이 왔다』, 쏭북스(2020), p35-36

20. 마이클 에브라소프, 『용감한 항해』, 흐름(2009)
    한근태, 『고수의 질문법』, 미래의창(2018), p168

매뉴얼 5 〈팀워크〉 다양성이 능력을 이긴다

1. 유경철, 『완벽한 소통법』, 천그루숲(2018), p112-115

2. 유경철, 『완벽한 소통법』, 천그루숲(2018), p85-109

3. 최연매, 김상범, 『피드백』, 순정아이북스(2012), p9

4. 피터 홀린스, 『어웨이크』, 포레스트북스(2019), p19

5. 김윤나, 『리더의 말그릇』, 카시오페아(2021), p259

6. 최연매, 김상범, 『피드백』, 순정아이북스(2012), p36-37

7. 김성회, 『센 세대, 낀 세대, 신세대 3세대 전쟁과 평화』, 쌤앤파커스(2020), p156-157

8. 이해인, "LG전자 사장이 말한 임원 비법 '상사 3명 진급시키고, 따르는 후배 5명 둬라'", 「조선일보」, 2023년 4월 26일

9. 육군본부, 『기준 교범 8-0 육군 리더십』, 국방출판지원단(2021)

10. 대니얼 코일, 『최고의 팀은 무엇이 다른가』, 웅진지식하우스(2018), p158-162

11. 조관일, 『소통의 원리』, 클라우드나인(2015), p160

12. 김가성, 『180억 공무원』, 쌤앤파커스(2008)

13. 김경일, 『이끌지 말고 따르게 하라』, 진성북스(2015), p216-220

14. 유철상, "유철상의 동서양 전사에서 배우는 교훈 ⑤부하의 능력을 인정한 마셜(George C. Marshall)장군", 「한국안보협업연구소」, 2021년 10월 14일

15. 유효상, 『리더의 오판』, 클라우드나인(2021), p240

16. 곽병선, "다양화 시대의 리더십", 「열린뉴스통신」, 2021년 2월 10일

17. 김무환, 『리더 시프트』, 허클베리북스(2020), p228-229

18. 김성회, 『센 세대, 낀 세대, 신세대 3세대 전쟁과 평화』, 쌤앤파커스(2020)

19. 김예윤, "국내도 '조용한 사직' 바람… '무책임하다' vs '현명한 태도'", 「동아일보」 2022년 11월 1일

20. 최우성, "[담쟁이교육칼럼] 학생의 스스로 결정하게 해주자", 「경기신문」 2020년 1월 16일

21. 한상희, "'셀카중독? 합격입니다'…英 육군 젊은층 모집 '안간힘'", 「머니투데이」 2019년 1월 4일

22. 김주환, 『회복 탄력성』, 위즈덤하우스(2020), p228-229

23. 차희연, 『나는 왜 툭하면 욱할까』, 경향미디어(2016), p313-314

24. 김주환, 『회복 탄력성』, 위즈덤하우스(2020), p141

25. 박용후, 『관점을 디자인하라』, 쌤앤파커스(2018), p292

26. 김성현, "미나리처럼 버틴 50년, 행복한 여정", 「조선일보」, 2021년 4월 27일

27. 강수진, 『나는 내일을 기다리지 않는다』, 인플루엔셜(2013)

28. 이동환, 『나의 슬기로운 감정생활』, 비즈니스북스(2018), p96-97

29. 김경일, 『지혜의 심리학』, 진성북스(2017), p318

30. 최인철, 『프레임』, 21세기북스(2014)

31. 쉬셴장, 『하버드 감정 수업』, 와이즈맵(2019), p281

32. 데일 카네기, 『카네기 스트레스론』, 카네기연구소(2021), p100-101

33. 데일 카네기, 『카네기 스트레스론』, 카네기연구소(2021), p143-149

34. 칼 필레머, 『내가 알고 있는 걸 당신도 알게 된다면』, 토네이도(2013), p86-246